21世纪企业经营智慧丛书

ZHANLUE ZHISHENG

战略致胜

抢占商海先机与竞争高地

主编⊙侯书生
丛书主编⊙侯书生 余伯刚

四川大学出版社

责任编辑:吴近宇
责任校对:宋　颖
封面设计:刘建波
责任印制:王　炜

图书在版编目(CIP)数据

战略致胜：抢占商海先机与竞争高地 /侯书生主编
．—成都：四川大学出版社，2015.11（2025.4 重印）
（21 世纪企业经营智慧/侯书生，余伯刚主编）
ISBN 978－7－5614－9107－2

Ⅰ.①战…　Ⅱ.①侯…　Ⅲ.①企业战略－研究　Ⅳ.
①F272

中国版本图书馆 CIP 数据核字（2015）第 265979 号

书名　**战略致胜——抢占商海先机与竞争高地**

主　　编　侯书生
出　　版　四川大学出版社
地　　址　成都市一环路南一段 24 号 (610065)
发　　行　四川大学出版社
书　　号　ISBN 978－7－5614－9107－2
印　　刷　三河市天润建兴印务有限公司
成品尺寸　170 mm×240 mm
印　　张　15.75
字　　数　256 千字
版　　次　2016 年 1 月第 1 版
印　　次　2025 年 4 月第 3 次印刷
定　　价　40.00 元

◆读者邮购本书，请与本社发行科联系。
电话:(028)85408408/(028)85401670/
(028)85408023　邮政编码:610065
◆本社图书如有印装质量问题，请
寄回出版社调换。
◆网址:http://www.scup.cn

前言

管理与社会同在。战略自古有之。

管理是什么？管理就是协调集体活动以实现组织目标的实践过程。战略是什么？战略就是确定组织基本的长期目标、选择行动途径和为实现这些目标而进行的资源分配。美国著名战略管理学家安德鲁斯曾指出："重要的不是怎么做事，而是努力去做正确的事。"中国古老的军事战略著作《孙子兵法》提出了许多军事战略思想和经典理念，千百年来流传不衰，为后人的军事、政治、经济活动提供了极为有利的指导。

物竞天择，适者生存。

现代社会，竞争无所不在，无时不有。严酷的竞争迫使任何一个竞争参与者都必须竭尽全力地应对挑战。作为社会经济细胞的企业，更是面临复杂多变的竞争环境，企业之间的竞争不断升级，来自外部的压力不断加大，寻找应对的良策已成当务之急。

谁在竞争中掌握了正确的发展战略，谁就能在竞争中领先一步，占据不败之地。

一个战略管理的时代到来了！

随着企业规模的日益壮大，企业与社会的联系日益密切，企业竞争日益国际化、全球化。一句话，企业经营环境的高度复杂化，直接催生了企业战略管理的潮流。

战略管理的灵活运用，直接决定着一个企业在残酷竞争中的胜出，因为战略管理的运用可以保证企业利用各种资源生产出符合社会需要的产品和服务。第二次世界大战后创造了令世人震惊的经济奇迹的日本，其重要经验之一即企业实施了独特的战略管理。

在西方发达国家，战略管理已成为企业管理中的一个重要方面。许多著名的大公司现在均已将战略管理作为企业管理的重心和企业管理的“重头戏”，而它们也从中获益匪浅。跨国公司由于业务领域的日益扩大和规模膨胀，产业之间的相互关联及波及效果势必影响到企业的发展前景，只有从战略的高度对企业的经营进行运筹谋划，才能不断巩固自己的竞争优势。如波音公司针对市场萎缩的情况，及时行动，为公司的未来发展制订了一个清晰明了的战略计划，并正确实施计划，最终渡过难关，重新成为世界飞机制造业的领先者。战略管理在西方发达国家的企业经营管理活动中，正发挥着举足轻重的作用。

企业的战略管理强调不仅要确定正确的方向，而且还要选择沿着正确方向前进的方法与途径。它不只是一个理论问题，更是一个实践问题。对于迫切需要战略管理的企业来说，掌握实际可行的管理思路、方法尤为重要。

中国企业在日益融入世界经济体系大潮的趋势下，进行战略管理尤其必要。与“狼”共舞，必须先学习“狼”的本领，而战略管理正是外国企业之“狼”的重要本领之一。为了适应广大的中国企业家和管理者学习企业战略管理知识的需要，我们编写了这本《战略致胜》。编者在参考众多专家一系列研究专著的基础上，将企业战略管理学最主要、最核心的内容包含在内，并把新鲜的理论、思想、方法以通俗的方式表达出来，使读者在读完本书后，能把所学、所知与所思应用到具体的企业经营活动中。这是读者的心愿，也是本书编者的期待。

编　者

2015 年 11 月修订于北京

目 录

第一章 *企业战略管理概述*

一、企业战略与战略管理 / 2

（一）企业战略的内涵 / 2

（二）关于战略的其他观念 / 5

（三）企业战略管理的含义与特征 / 7

二、企业战略的构成要素与层次 / 9

（一）企业战略的构成要素 / 9

（二）企业战略的层次 / 10

三、企业战略管理与管理者 / 15

（一）企业战略管理的作用 / 15

（二）企业管理者面临的基本战略问题 / 16

（三）企业管理者与战略制定、实施 / 17

（四）企业管理者在战略管理中的责任 / 19

四、企业战略管理过程与模式 / 20

（一）企业战略管理过程 / 20

（二）战略管理过程的特点 / 22

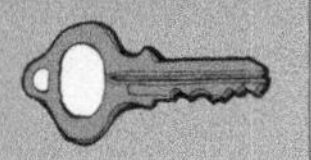

（三）战略管理系统模式 / 23

第二章　企业战略环境

一、企业宏观环境及对企业经营的影响 / 26

（一）政治法律环境及对企业经营的影响 / 26

（二）经济环境及对企业经营的影响 / 28

（三）技术环境及对企业经营的影响 / 30

（四）社会文化环境及对企业经营的影响 / 32

二、行业环境分析与行业吸引力 / 34

（一）行业结构与行业推动力 / 34

（二）行业特征与战略焦点 / 36

（三）影响行业吸引力的因素 / 37

三、企业所处经济状态的战略分析 / 38

（一）宏观经济状态 / 38

（二）市场需求 / 39

（三）竞争形势 / 41

四、产业结构的战略分析 / 43

（一）潜在进入者的进入威胁 / 44

（二）替代品的替代威胁 / 46

（三）供应者、购买者讨价还价的能力 / 47

（四）产业内现有企业的竞争 / 48

五、企业战略环境要素评价 / 49

（一）企业战略环境要素评价模型 / 49

（二）行业关键战略要素评价矩阵 / 50

第三章　*企业总体战略*

一、企业进入战略 / 54

（一）企业进入战略的分类 / 54

（二）购并战略 / 55

（三）内部创新战略 / 58

（四）企业合资战略 / 59

二、企业扩张战略 / 60

（一）密集型发展战略 / 60

（二）一体化发展战略 / 62

（三）多样化发展战略 / 63

三、企业撤退战略 / 64

（一）撤退战略的选择形式 / 65

（二）撤退战略的步骤 / 65

（三）撤退战略的障碍分析 / 66

四、企业总体战略选择模型 / 67

（一）SWOT 分析模型 / 67

（二）企业战略选择矩阵 / 70

五、影响战略选择的因素分析 / 74

（一）目前战略的影响 / 74

（二）内、外权势力量的影响 / 75

（三）企业管理风格的影响 / 80

（四）时间性影响 / 82

（五）竞争对手反应的影响 / 82

第四章　企业竞争战略

一、市场竞争的一般原理 / 86

（一）市场竞争的表现形式 / 86

（二）市场结构与竞争 / 87

（三）价格竞争和非价格竞争 / 88

二、五种竞争力量 / 90

（一）现有竞争者 / 90

（二）潜在竞争者 / 91

（三）替代产品竞争者 / 94

（四）购买者竞争力量 / 94

（五）供应者的竞争力量 / 95

三、基本竞争战略 / 97

（一）成本领先战略 / 97

（二）差异化战略 / 99
（三）集中一点战略 / 100

四、竞争地位与战略选择 / 102

（一）市场占有率与竞争战略 / 102
（二）企业竞争战略以提高市场占有率为目标 / 103
（三）企业竞争战略对市场占有率和利润率的影响 / 104
（四）提高市场占有率的战略措施 / 105

五、竞争战略的风险分析 / 113

（一）竞争战略风险的产生 / 113
（二）竞争战略的竞争导向 / 117
（三）一种新兴面对竞争者的战略技术：定点超越 / 119

第五章 *企业协作战略*

一、企业协作战略的意义与方式 / 124

（一）企业协作的利益动机 / 124
（二）企业协作的方式 / 125
（三）企业协作战略选择的原则 / 126

二、企业集团战略 / 127

（一）企业集团的概念和特征 / 127
（二）企业集团的类型 / 128
（三）企业集团成员的选择 / 130

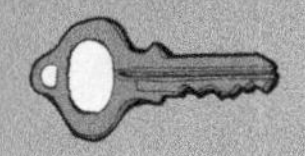

（四）企业集团规模的选择 / 131

三、企业战略联盟 / 133

（一）战略联盟的含义和建立的动因 / 133

（二）战略联盟的优势 / 135

（三）战略联盟的形式 / 136

四、自制或外购战略 / 137

（一）企业自制或外购所需资源的决策 / 138

（二）自制或外购战略的选择 / 139

第六章 *企业组织战略*

一、组织结构的概念和类型 / 142

（一）组织结构的基本概念 / 142

（二）组织结构的类型 / 142

二、组织的战略类型 / 147

（一）防御型战略组织 / 147

（二）开拓型战略组织 / 148

（三）分析型战略组织 / 149

（四）反应型战略组织 / 150

三、企业战略对组织结构的影响和要求 / 151

（一）战略环境对组织结构的影响和要求 / 151

（二）企业规模对组织结构的影响和要求 / 154
（三）技术发展对组织结构的影响 / 154

第七章 企业财务战略

一、财务管理目标 / 158
（一）财务管理目标的概念和特征 / 158
（二）财务管理基本目标 / 159
（三）财务管理具体目标 / 162
二、影响企业财务战略的基本因素 / 164
（一）货币的时间价值 / 164
（二）投资风险 / 165
（三）资金成本 / 166
三、企业财务战略规划 / 167
（一）财务计划 / 168
（二）销售预测 / 168
（三）预计财务报表 / 168
（四）资金需求与筹集计划 / 169
（五）资金调整计划 / 169
四、企业财务综合分析 / 169
（一）企业财务状况雷达图 / 169
（二）杜邦分析体系 / 170

（三）Z计分法 / 171

第八章　企业研发战略

一、科学研究与技术开发 / 174

（一）基本概念 / 174

（二）企业研发战略的要求 / 177

二、企业研发战略的类型与标准 / 178

（一）进攻型战略 / 178

（二）防御型战略 / 179

（三）技术引进型战略 / 179

（四）部分市场战略 / 180

（五）科研和开发的标准选择 / 182

三、新产品开发 / 184

（一）新产品开发的方式 / 184

（二）新产品开发的战略选择 / 185

四、技术保护与技术转移 / 187

（一）技术保护形式 / 187

（二）技术转移形式 / 189

第九章 企业经营战略实施

一、企业战略实施的基本概念 / 194

（一）企业战略实施的含义 / 194

（二）企业经营战略实施的基本原则 / 195

（三）企业战略实施的基本类型 / 197

二、企业战略计划系统 / 201

（一）企业战略计划系统概述 / 201

（二）企业战略计划系统的内容 / 202

（三）企业战略计划系统的制定过程 / 204

（四）企业战略计划系统的重点 / 206

（五）企业战略计划系统的战略势 / 207

三、企业战略实施的资源配置 / 208

（一）企业战略与企业资源的关系 / 208

（二）企业战略资源的内容 / 209

（三）企业战略资源的评估 / 210

（四）企业战略资源的分配 / 211

（五）战略与资源的动态组合 / 212

第十章　*企业战略评价与控制*

一、企业战略评价与控制概述 / 218

（一）确定评价内容 / 218

（二）建立业绩标准 / 219

（三）衡量实际业绩 / 220

（四）比较实际业绩与标准要求 / 221

（五）采取校正行动确保战略目标实现 / 222

二、企业战略控制的方法 / 223

（一）企业战略控制的基本要求 / 223

（二）企业战略控制的网络 / 225

（三）企业战略控制的类型 / 226

（四）企业战略失效及对策 / 228

三、企业战略控制的动态分析 / 229

（一）企业战略的相对性 / 229

（二）影响企业战略控制的因素和趋势 / 230

（三）企业战略控制过程是一个动态过程 / 232

第一章 企业战略管理概述

企业需要战略管理如同军队需要军事战略一样，如果最高指导原则的战略是正确的，那么，即使在战术方面犯了一些错误，这个企业仍然能够成功。

——〔德〕伍德

一、企业战略与战略管理

战略一词，原为军事用语。顾名思义，它是指作战的谋略。《辞海》中对战略一词的定义是：“军事名词。对战争全局的筹划和指挥。它依据敌对双方的军事、政治、经济、地理等因素，照顾战争全局的各方面，规定军事力量的准备和运用。”《中国大百科全书·军事卷》在诠释战略一词时说：“战略是指导战争全局的方略。即战争指导者为达成战争的政治目的，依据战争规律所制定和采取的准备和实施战争的方针、政策和方法。”

在英语中，战略一词为strategy，它来源于希腊语的straragia，也是一个与军事有关的词。《韦氏新国际英语大词典》（第三版）将战略一词定义为“军事指挥官克敌制胜的科学与艺术”。而《简明不列颠百科全书》则称战略是“在战争中利用军事手段达到战争目的的科学和艺术”。

军事家们对战略一词也有精辟的见解。著名的德国军事战略家冯·克劳塞维茨说：“战略是为了达到战争目的而对战斗的运用。战略必须为整个军事行动规定一个适应战争目的的目标。”另一位著名的德国军事战略家毛奇也说过：“战略是一位统帅为达到赋予他的预定目的而对自己手中掌握的工具所进行的实际运用。”毛泽东也指出：“战略问题是研究战争全局规律性的东西。”

随着人类社会实践的发展，战略一词被人们广泛地用于军事外的领域，人们又逐渐赋予战略一词以新的含义。因此，**将战略思想运用于企业经营管理，就产生了企业战略这一概念。**

（一）企业战略的内涵

什么是企业战略？在西方战略管理文献中没有一个统一的定义，不同的学者与管理者赋予了企业战略不同的含义。本书参考一些国内学者的观点，向读者介绍了一些在西方有代表性的观点，帮助读者思考企业战略的真实含义，以判断在某种特定情况下，运用哪种企业战略定义更为合适。

对企业战略概念进行过比较综合性论述的是明茨伯格（Mintzberg），他提出的“战略的5P”从不同角度分析了战略的基本含义。根据他的归纳，可以从以下五个角度来理解企业战略的概念。

1. 企业战略是一种计划（Plan）

将战略理解为计划，是出于战略对行动的引导和指导作用的考虑。作为计划，战略表现为在特定条件下，为实现特定目标而进行的一系列连续的、有意识的行动。战略是组织的领导人组织明确的方向以及为此需要采取的各种行动。**在这里，预见性和意识性是战略的基本特性**。作为一种计划，战略将企业的主要目的、政策与活动按照一定的顺序结合成一个紧密的整体。战略的内容主要有以下几个方面：

（1）企业可以达到的最主要的目标，指导或约束企业经营活动的重要政策，企业可以在一定条件下实现预定目标的主要活动程序或项目等业务内容。

（2）战略的制定需要围绕重要的“战略推动力”，即围绕企业在产品和市场上采取的主要活动方式。

（3）战略要处理可预见事件和不可预见事件，这就需要企业发展到一定的程度，同时具备灵活的态势。

（4）大型企业中每一个有特定职权的管理层都有相应的战略，而各层次的战略需要以企业的总体战略为核心，具有对总体战略的凝聚力。

计划是人为设计的结果，计划的内容、形式、特性等受到组织对自身的使命和远景认识的支配，受到企业外部环境的影响，也受到企业长期形成的行为方式的制约。

2. 战略是一种模式（Pattern）

战略是模式的概念，强调了战略的行为方面：**战略反映了企业长期行为的连贯性，由企业长期行为模式引导，并强化企业的行为模式**。战略模式的概念提示：战略可以是有意识、有计划的过程，也可以是企业在无预先计划的情况下对环境变化的反应行为方式。我们可以认为，在连续性行为方式的背后有某种计划意识的支撑，但在实践中确实也可以发现大量存在的因环境的变化而改变和停止的计划，以及大量原本没有计划的行动得以采取和实现的事实。与设计完备的有计划性战略相比较，引导企业发展的更主要的动力是由企业长期行为方式决定的对突发环境的应付方式。

战略模式的概念解释了战略类型和战略方式多样性的现实。当环境发生预计之外的变化时，或当企业制定的战略在实施过程中被发现与现实环境不符时，企业就需要根据现实环境采取恰当的行动。这时，企业往往没有足够的时间重新制订战略计划，而需要采取应付环境的行动来实现目标，甚至需要对目标进行修订。这种在非预计情况下采取的适应性行动就被称为无计划战略或应急战略。随着环境复杂性和动态性程度的提高，无计划战略的重要性也相应提高。

3. 战略是一种定位（Position）

战略是定位的概念，强调了企业的开放系统特征。首先，战略是决定企业在环境中的位置的一种方法，是企业与环境之间的纽带。为此，**战略就是决定企业在环境中的位置，即组织的资源应该集中在特定的产品——市场位置中**。根据这一概念，战略过程起始于选择企业所需进入的经营业务类型。其次，战略需要确定在选定的业务领域内进行竞争或运行的方式。然后通过战略的实施，使组织能处于恰当的环境位置，以取得自身的生存和发展。在确定业务类型时，可以根据产品系列特性、构成产品系列的技术和市场的要求来形成企业共同的经营主线。战略的重要性在于，如果对业务类型定义得过宽，企业将冒失去共同经营主线，如核心活动或能形成企业核心竞争力的核心专长的风险；而对业务类型定义得过窄，则显然不符合技术发展的特征，使企业不能利用技术发展和延续的效用，将企业曾投入技术开发的成果拱手让给竞争对手。

4. 战略是一种观念（Perspective）

战略是观念的概念，强调的是企业最高层管理人员，特别是企业董事会成员的整体个性对形成组织特性的影响，以及组织特性差别对企业存在的目的、企业的社会形象、发展远景的影响。战略是一种观念，首先，它存在于战略者的头脑中，是战略者的独创性和想象力的体现；其次，战略的观念被组织成员共享，构成组织文化的一部分，由此指导组织成员的意图和行动。**战略过程的有效性将取决于战略观念的共享程度以及共同的战略观念转化为共同行动的程度。**

根据战略的观念概念，组织在其观念范围内的计划和位置的改变比较容易实现，而超出观念允许范围的改变则困难得多。因此，战略的“观念”概念提出了战略变革的界限，超过这一界限的战略变革的困难程度和对组织的影响不亚于一场重大的革命。

5. 战略是一种计谋（Ploy）

将战略作为计谋主要是指通过公布企业的战略或战略意图，向对手宣布本企业的竞争意愿和决心以及采取相应的竞争性行动，以期造成对竞争对手的威胁。此时，战略强调的已不是竞争性行动本身，而是要阻止竞争对手正在准备中的，有可能对本企业造成关键打击的那些战略性行动。对战略的这一理解运用在军事上就被称为“威慑性战略”，如大型军事演习。

战略的计谋概念直接表现了对手之间的竞争关系：通过采用包括威胁在内的各种手段来取得竞争优势。相对于战略的计划概念和定位概念而言，战略的计谋概念更强调战略的动态性：随着战略实施过程的发展和竞争关系的变化，战略的计谋作用还将不断体现，并由此引起战略的发展和竞争关系的改变。

（二）关于战略的其他观念

除了明茨伯格，还有其他一些学者进行过有关企业战略概念的描述。

1. 战略就是组织

战略就是组织的观点是由安索夫（Igor Ansoff）和明茨伯格提出的。他们认为组织本身就是最基本的战略。明茨伯格在他的《组织内部及组织周围的权力》一书中提出：“组织内全体成员共同分享的一个目的就是组织需要有一个能共同发挥作用的场所。”安索夫在其《战略管理的实施》一书中提出：“一百多年来，企业成为社会进步的基本的和成功的手段（战略）……企业是财富的培育地。”可见，**战略就是组织的观点，强调的**

是组织是财富的创造者和分配人，这些财富在使组织得以生存的同时，还为组织的成员提供了满足。

2. 战略是组织与环境之间的纽带

此观点是由钱德勒和赫菲提出的。他们认为：通过分析内外部环境，制定和实施战略，根据环境的变化调整战略这一过程，使企业得以认识环境的特征和变化趋势，认识环境认可的企业行为和规则。通过确认环境中存在的机会和威胁，了解企业的能力和弱点后制定的战略方案，使企业的行动与环境要求一致。将战略是组织与环境之间的纽带的概念，与战略就是组织的概念结合起来看，既然组织是满足需要的一个战略，那么组织就需要不断发展。这一发展过程能不断地从环境中创造出更多的财富。同时，**如果企业想控制自己的财富，保持与环境的相互作用，就必须具备效率。**

3. 战略是多决策系统

这个观点是由安德罗斯提出的。安德罗斯在其著作《公司战略概念》中指出，公司战略是一个决策方式，决定了企业的目的、目标、关键政策和实现目标的计划。为此，战略需要确定业务范围、组织的性质以及组织对其利益关系集团可能做出的经济和非经济贡献。战略是多决策系统的概念提示了目标、政策和行动之间的相互依赖性以及对战略和组织确定竞争优势的影响。企业的成功将取决于这三个方面所组成的系统的有效性。

4. 战略三角形

日本人大全研一在其著作《战略者》中提出了战略思维艺术的概念，他认为战略是由公司、用户、竞争三个方面构成的，公司战略旨在以最有效的方式建立相对于竞争对手的公司优势。企业的战略优势可以表现在价格、数量、成本和利润等方面，我们可以通过图 1－1 来理解战略三角形的概念。

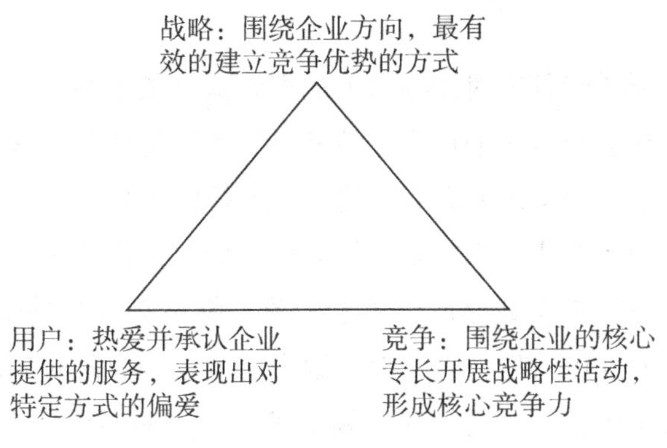

图 1－1 战略三角形概念

（三）企业战略管理的含义与特征

所谓战略管理，是企业为适应外部环境的变化和企业长期、稳定发展，实现既定战略目标而展开的一系列相关的战略性谋划与活动。

战略管理的本质，表现为以下四个特征：

1. 全局性

战略管理必须以企业全局为对象，根据企业总体发展的需要决定企业的总体行动，从全局出发去实现对局部的指导，并使局部取得最优的结果，保证全局目标的实现。

形象地说，企业的战略规划就是企业发展的蓝图。作为指导全局的总方针，企业战略是协调企业内部各职能部门之间以及各管理层次之间关系的依据，是促进企业各方面均衡发展的保证。在日常的经营管理工作中，企业的每一项具体计划，每一项具体经营业务，每一个具体行动措施，都要围绕企业战略目标并服从战略目标的要求。为了实现企业战略目标体现的全局利益，战略职能部门或基层战略经营单位有时不得不放弃本身面临的机会和潜力，甚至做出牺牲。

2. 长远性

战略管理要着眼于未来，对较长时期内（5 年以上）企业如何生存和发展进行通盘筹划，以实现其较快发展和较大成长。面对激烈复杂的市场竞争环境，任何组织若没有超前的战略部署，那么，其生存和发展就要受到影响。

战略的全局性特征在时间概念上的表现就是长远性，它直接关系到组织的未来和发展。对未来的设想，特别重要的不是回答未来怎样，而是通过预测未来的变化趋向来制订我们现在的策略和措施。

因此，没有着眼于未来的企业战略做指导，日常的经营管理就会失去目标和方向。真正具有战略眼光的企业家，绝不会片面地追求急功近利，绝不会纠缠于企业的短期行为，而是致力于实现企业的长期战略目标。正如美国前总统理查德·尼克松在《领导者》一书中写道："领袖人物一定要能够看到凡人所看不到的眼前利害以外的事情。他们需要有站在高山之巅极目远眺的眼力。"

3. 关键性

关键性又称重点针对性，是指那些对企业总体目标的实现起决定性作用的因素和环节。战略讲究的是环境的机会和威胁、自身的优势和劣势，要找寻敌弱我强的地方下手，或是在敌强我弱的地方加强防范。实施战略管理，就是要抓住机会，创造相对优势，增强企业的竞争实力。

毛泽东同志在《矛盾论》中指出："在复杂的事物发展过程中，有许多的矛盾存在，其中必有一种是主要的矛盾，由于它的存在和发展，规定或影响着其他矛盾的存在和发展。"作为企业经营者，就是要从企业长远发展目标出发，把工作的重点、战略实力的重心放在那些最重要、起决定作用的环节和支点上，通过确定关键因素建立起竞争的优势地位。

日本著名战略大师大前研一说："通向成功的最有效的捷径看来是较早地把主要资源集中到一个具有战略影响的功能中，迅速跃入第一流的企业行列，这是真正切实可行的、有竞争力的。然后，利用这种较早的第一流的地位所产生的利润加强其他功能，使它们也领先于别的企业。当今所有产业部门的主导企业，毫无例外，都是从果断地应用以成功的关键因素为基础的战略开始的。"

4. 权变性

权变性即指善于随机应变而不为成见所囿的适时调整、灵活机动的能力。任何企业在其成长过程中，必须要受到诸方面因素的影响，并随内外部环境的变化而变化。这就要求企业经营者根据实际情况的变化，变换策略、调整计划、修正战略，把战略贯彻于现实行动之中，以不断适应未来的多变性。

权变性的客观基础包括两个方面：一方面是由于企业经营者加深了对企业发展规律的认识；另一方面则是由于企业内外竞争环境发生了变化，出现了新情况。因此，需要重新检验已确定的战略方针和战略措施的正确性，并加以必要的修正。

另外，战略管理本身就是一个动态过程。由于企业战略具有长远性，必须经过一段时期的努力，才能最终实现企业的战略目标，而不可能毕其功于一役。同时，战略管理又可分为战略制定、战略实施、战略控制等不同阶段，其中每一个阶段又包含若干步骤。因而，战略管理过程的各个阶段和各个步骤是不断循环和持续的，是一个连续不断的分析、规划与行动的过程。这就对战略管理者提出了更高的要求，特别是面临变幻莫测的国际经济竞争新形势，开拓进取、求变创新、制定和实施适应性应变战略，已成为现代管理者的当务之急。

二、企业战略的构成要素与层次

（一）企业战略的构成要素

从狭义战略的角度来讲，企业战略由四个要素组成，即经营范围、资源配置、竞争优势和协同作用。

1. 经营范围

经营范围是指企业从事生产经营活动的领域，它反映出企业与其外部环境相互作用的程度，也反映出企业计划与外部环境发生作用的要求。**企业应该根据自己所处的行业、自己的产品和市场来确定自己的经营范围。**

2. 资源配置

资源配置是指企业过去和目前的资源与技能配置的水平和模式。资源配置的效率直接影响企业实现自己目标的程度。当企业根据外部环境的变化采取战略行动时，一般应对现有的资源配置模式加以或大或小的调整，以支持企业的战略实施。

3. 竞争优势

竞争优势是指企业通过其资源配置模式与经营范围的决策，在市场上所形成的不同于其竞争对手的竞争地位。**竞争优势既可以来自企业在产品和市场上的地位，也可以来自企业对特殊资源的正确运用。**

4. 协同作用

协同作用是指企业从资源配置和经营范围的共同决策中所能获得的综合效果。一般来讲，企业的协同作用可以分为以下四类：

（1）投资协同作用。这种作用来源于企业各经营单位联合利用企业的设备、原材料储备、研发投资以及专用工具和专有技术。

（2）作业协同作用。这种作用产生于充分利用现有的人员和设备，共享由经验曲线造成的优势等。

（3）销售协同作用。这种作用产生于企业的产品使用共同的销售渠道、销售机构和促销手段。

（4）管理协同作用。这种作用来源于管理过程中的经验积累以及规模效益等。如对企业的新业务，管理人员可以利用过去积累的经验减少管理成本。

探讨战略的构成要素具有重要意义：一方面可以帮助理解构成要素对企业效能和效率的影响；另一方面，可以使管理人员认识到这四个构成要素存在于不同的战略层次之中，而且在不同的战略层次中，各要素的相对重要性也不同。

（二）企业战略的层次

一般来讲，**在典型的大中型企业中，企业战略可以划分为三个重要的层次：企业总体战略、经营单位战略、职能部门战略。**在这三个层次中，战略的四个构成要素又起着不同的作用，它们之间的相互关系和基本特征见表 1－1。

表 1－1　各战略层次的相互关系的基本特征

<table>
<tr><th></th><th colspan="2">企业总体战略</th><th>经营单位战略</th><th>职能部门战略</th></tr>
<tr><td>企业目标</td><td colspan="2">谋求企业的生存，获得全面增长和利润</td><td>谋求在特定的产品和细分市场上获得增长和利润</td><td>谋求市场占有率、技术领先程度等</td></tr>
<tr><td>战略构成要素的重要性</td><td>大型联合企业</td><td>生产相关产品的多种经营企业</td><td rowspan="2">* *</td><td rowspan="2">*</td></tr>
<tr><td>经营范围</td><td>* * *</td><td>* * *</td></tr>
<tr><td>资源配置</td><td>*</td><td>* *</td><td>* * *</td><td>* * *</td></tr>
<tr><td>竞争优势</td><td>*</td><td>* *</td><td>* * *</td><td>* *</td></tr>
<tr><td>协同作用</td><td></td><td>*</td><td>* *</td><td>* * *</td></tr>
<tr><td>战略构成的主要要素的特征与经营范围</td><td colspan="2">大型联合企业的投资组合与多种经营</td><td>产品和细分市场上的竞争与同心式多种经营</td><td>注重产品和市场开发以及产品的形态和商标</td></tr>
<tr><td>资源配置</td><td colspan="2">企业财务组织与技术方面的能力</td><td>随着产品和市场寿命周期的变化而变化</td><td>不同的职能领域、产品的发展阶段以及整个竞争地位有不同的变化</td></tr>
<tr><td>竞争优势</td><td colspan="2">与行业相比</td><td>与特定的竞争对手相比</td><td>与特定的产品相比</td></tr>
<tr><td>协同作用</td><td colspan="2">作用于各经营业务之间</td><td>作用于各职能领域之间</td><td>作用于各职能领域之中</td></tr>
<tr><td>重大职能方针决策</td><td>财务方针
组织方针</td><td>多种经营方针
制造与购买方针
技术方针
财务与组织方针</td><td>制造系统设计
产品系列方针
市场开发方针
研究开发方针</td><td>定价方针
促销方针
生产进度方针
存货控制方针</td></tr>
<tr><td>资源配置问题</td><td colspan="2">投资组合问题</td><td>产品和市场寿命周期问题</td><td>职能的综合与平衡问题</td></tr>
</table>

注：符号含义——* * *非常重要；* *重要；*偶尔重要；空白表示不重要

1. 总体战略

总体战略，又称公司战略，是企业的战略总纲，是企业最高管理层指导和控制企业一切行为的最高行动纲领。总体战略的对象是企业整体。在大中型企业里，特别是多种经营的企业里，总体战略是企业战略中最高层次的战略。它根据企业的目标，选择企业可以竞争的经营领域，合理配置企业经营所必需的资源，使各项经营业务相互支持、相互协调。**可以说，从公司的经营发展方向到公司各经营单位之间的协调，从有形资源的充分利用到整个公司价值观念、文化环境的建立，都是总体战略的重要内容。**

总体战略主要回答的是企业应该在哪些经营领域里进行生产经营活动的问题。因此，从战略的四种构成要素的作用来看，经营范围和资源配置是总体战略中主要的构成要素。竞争优势和协同作用两个要素则因企业不同而需要进行具体分析。在生产相关产品的多种经营企业里，竞争优势和协同作用很重要，它们主要是解决企业内部各产品的相关性和在市场上进行竞争的问题。在多种行业联合的大型企业里，竞争优势和协同作用相对来讲不是很重要，因为企业中各种经营业务之间存在一定的协调性，可以共同形成整体优势。即使某个经营业务略有不善，其他的经营业务也还是可以支持整个企业形成优势。

从企业战略管理的角度来看，总体战略的侧重点有以下三个方面：

第一，企业使命的确定。即企业最适合从事哪些业务领域，为哪些消费者服务以及企业向哪些领域发展。

第二，战略经营单位（SBU）的划分以及战略事业的发展规划。

第三，关键的战略经营单位的战略目标。

总体战略的特点也有以下三个方面：

第一，从形成的性质看，企业总体战略是有关企业全局发展的、整体性的、长期的战略行为。

第二，从参与战略形成的人员看，企业总体战略的制定与推行的人员主要是企业的高层管理人员。

第三，从对企业发展的影响程度看，企业总体战略与企业的组织形态有着密切的关系。当企业的组织形态简单，经营业务和目标单一时，企业总体战略就是该项经营业务的战略，即经营战略。当企业的组织形态为了适应环境的需要而趋向复杂化，经营业务和目标也表现出多元化时，企业的总体战略也会相应复杂化，如形成多种经营战略等。不过，战略是根据企业环境变化的需要而提出来的，它对企业的组织形态也有反作用，会要求企业组织形态在一定的时期内做出相应的调整。例如，企业准备利用一部分内部资源进行合资经营时，企业的组织形态就需要适应这种变化，形成可以进行合资的事业部。

2. 经营单位战略

经营单位战略，又称事业部战略，是战略经营单位、事业部或子公司的战略。它是在企业总体战略的指导下，经营管理某一个战略经营单位的战略计划，是企业总体战略下的子战略，为企业的整体目标服务。在大型企业中，特别是在企业集团里，为了提高协同作用，加强战略实施与控制，企业从组织上把具有共同战略因素的若干事业部或其中某些部分组合成一个经营单位。每个战略经营单位一般都有自己独立的产品和细分市场。在企业内，如果各个事业部的产品和市场具有特殊性，也可以被视作独立的经营单位。

经营单位战略的重点是要改进一个战略经营单位在它所从事的行业中，或在某一特定的细分市场中提供的产品和服务的竞争地位。经营单位战略涉及该企业在它所从事的某一个行业中如何竞争的问题，并涉及该企业在某一个行业经营领域中扮演的角色，以及在战略经营单位里如何有效地利用分配的资源等问题。同时，经营单位战略主要是针对不断变化的外部环境，以便在各自的经营领域里有效地竞争。为了保证企业的竞争优势，各经营单位要有效地控制资源的分配和使用。同时，经营单位战略还要协调各职能层的战略，使其成为一个统一的整体。

从战略构成要素的角度来看，资源配置与竞争优势通常是经营单位战略中最重要的组成部分。在多数情况下，经营范围与产品和细分市场的选择有关，与产品和市场的发展阶段有关，而与产品和市场的深度与广度却关联甚少。在这个层次上，协同作用变得更加重要，要把经营单位中不同职能领域的活动加以协调。

总的来讲，经营单位战略的核心在于：如何贯彻企业使命、企业发展的机会与威胁、内在条件，企业发展的总体目标与要求，确定经营单位战略的重点、战略阶段和主要战略措施。

经营单位战略与总体战略的区别如下：

其一，总体战略是有关企业全局发展的、整体性的、长期的战略计划，对整个企业的长期发展有着深远的影响；而经营单位战略则着眼于企业中有关事业部或子公司的局部性战略问题，影响个别具体事业部或子公司的具体产品和市场，所以只能在一定程度上影响总体战略的实现。

其二，总体战略形成的主要参与者是企业的高层管理者，而经营单位战略形成的参与者主要是具体各事业部或子公司的经理。

3. 职能部门战略

职能部门战略，又称职能层战略，是为贯彻、实施和支持总体战略与经营单位战略而在企业特定的职能管理领域内制定的战略。它是企业内部主要职能部门的短期战略计划，使职能部门的管理人员可以更加清楚地认识到本职能部门在实施企业总体战略中的责任和任务，有效地运用研究开发、营销、生产、财务、人力资源等方面的经营职能，从而保证实现企业目标。

职能部门战略一般可分为营销战略、人力资源战略、财务战略、生产战略、研发战略、公关战略等。从战略管理的角度来说，职能部门战略的核心在于：贯彻企业的总体目标；职能目标的论证及其细分化，如规模与生产能力、主导产品与品种目标、质量目标、技术进步目标、市场目标等；确定职能部门战略的战略重点、战略阶段和主要战略措施；战略实施中的风险分析和应变能力分析。

职能部门战略应在研究开发、生产作业、市场营销、财务会计和人力资源管理等职能部门中制定。各职能部门的主要任务不同，关键变量也不同；即使在同一职能部门里，关键变量的重要性也因其经营条件不同而有所变化，难以归纳出一般性的职能层战略。

从战略构成要素来看，协同作用和资源配置是职能战略的关键要素，而经营范围的重要性较低。协同作用是在单个的职能中协调各种活动，并将这些活动联合起来。

职能部门战略与企业总体战略之间的区别主要有以下几个方面：

其一，期限。职能部门战略用于确定和协调企业短期的经营活动，期限较短，一般在一年左右。职能部门战略期限较短的主要原因是：第一，职能部门管理人员可以根据总体战略的要求，把注意力集中在当前需要进行的工作中；第二，职能部门管理人员可以更好地认识该部门当前的经营条件，及时适应发生变化的条件，并做出相应的调整。

其二，具体性。企业主要职能部门的战略要比企业总体战略更加具体。总体战略为企业指出一般性的战略方向，而职能战略则为负责完成年度目标的管理人员提供具体指导，使他们知道如何实现年度目标。同时，具体的职能战略还可以增强职能部门管理人员实施战略的能力。

具体性之所以能使职能部门战略获得成功，主要有三点原因：第一，具体性在战略中增加了实际内容，明确了企业内职能部门必须完成的工作，从而丰富和完善了战略；第二，具体的职能战略向企业高层管理人员阐明各职能部门准备如何实施总体战略，可以增强企业高层管理人员实施与控制总体战略的信心；第三，具体的职能部门战略可以说明企业中各职能部门间相互依赖的战略关系以及潜在的矛盾，有利于促进各职能部门的协调。

其三，职权与参与。企业高层管理人员负责制定企业的长期目标和总体战略。职能部门的管理人员经过总部的授权，负责制定年度目标和部门战略。职能部门管理人员参与制定职能战略，可以更自觉地实现本部门的年度目标，执行职能战略需要进行的工作，增强实施战略的责任心。

总之，三个层次战略的制定与实施过程实际上是各管理层充分协商、密切配合的结果。可见，**企业总体战略、经营单位战略和职能部门战略共同构成了企业的战略体系。**

三、企业战略管理与管理者

（一）企业战略管理的作用

战略管理作为当代企业管理最重要的一个环节，其思想方法已得到广泛运用。竞争越是激烈的行业，运用战略管理的企业越多；企业规模越大，也越重视战略管理；当企业处于外部环境急速变动或面临重大转折之际，企业就很可能会从战略角度来重组企业。

东亚、东南亚国家和地区是当今国际上最重要的投资热点之一，中国大陆尤其如此。来中国大陆投资几乎已成为越来越多的跨国公司的重要战略。这些战略动向都反映了战略管理在其经营中的作用。

其一，战略管理可以促使企业管理阶层不断检查与评估目前战略的价值与合理性，当原有战略的合理性基础遭到损害或改变时，新战略的构筑就十分迫切与必要。

其二，战略管理可以促使企业将内部资源条件与外部环境因素结合起来考虑，对影响企业经营的种种重要的变化要有高度的警惕性，当一些问题发生后，不仅可以马上处理，而且还可以预防某些不利问题的产生。

其三，战略管理可以促使企业时刻关注企业未来，不断审视当前决策对企业未来运营产生的影响。

其四，战略管理可以促使企业努力寻求业务发展最具潜力的领域，不断通过多种方案的比较来做出最有价值的选择。

其五，战略管理可以促使企业倾心于资源的合理配置，通过资源结构的优化，使资源效能得以最大限度地利用和发挥；如果必要，可以决定追加新的资源投入，以推进企业整体规模的扩大和效益的提高。

其六，战略管理可以促使企业改进决策方法，优化组织结构，把日常管理建立在系统与有序的基础上，并增强企业的协调、沟通与控制职能，不断提高管理的效率与水平。

其七，战略管理可以促使企业增强凝聚力。**通过让员工参与战略酝酿、决策与实施过程，减少改革的阻力，最大限度地激发员工的感情与智慧，从而确保战略目标的实现。**

（二）企业管理者面临的基本战略问题

由于企业管理者扮演着运作整个企业的生产经营的角色，企业战略管理就成为企业管理者特别是高层管理者的主要工作。企业管理者必须全面负责企业战略的制定、实施和控制。企业管理者在战略管理中通常面临三个需要综合考虑的基本战略问题。

第一，我们的企业是一个什么样的企业？它以后会是一个什么样的企业？它应当成为一个什么样的企业？也就是说，企业管理者必须确定企业的宗旨、目的与服务的对象，确定企业适合从事的业务，搞清楚企业的现状和前途。

第二，我们的企业要实现什么样的目标？即确定企业经营管理活动的预期成果。通过企业战略目标的设置，就可以确定企业各个时期的经营目标和经营活动的轻重缓急，确定企业各项具体经营管理工作的控制规范和标准。

第三，怎样实现企业的既定目标？即寻求实现企业战略目标的途径和方法。这实际上就是为了实现企业战略目标，对企业的一切活动进行有效的管理。回答了这个问题，也就明确了企业在整个市场环境中的市场定位，同时明确了企业进入市场与敌手进行竞争的制胜措施。

对这三个基本战略问题的回答确定了企业管理工作的行动计划，确定了企业将要做什么以及应当如何去做。对第一个问题的回答描述了企业对顾客的服务宗旨、企业存在的目的以及企业活动的范围与利益所在。通过对第二个问题的回答，企业管理者可以设置企业的战略目标，确立企业管理工作中的轻重缓急次序，及对取得特定的经营成果的要求，从而可以避免企业偏离既定方向的无目的行为。第三个问题则回答了应当如何确切地实现既定的目标。由此可见，战略是企业管理者在企业的整体环境中确立企业市场地位和对企业各项经营活动实行综合管理的行动计划，是企业管理者采取创造性竞争手段的指导方针，是引导企业达到预定目标的导航图。

（三）企业管理者与战略制定、实施

企业管理者，特别是高层管理者在制订企业战略计划时需要具有企业家精神。通过确定企业计划，企业管理者为自己的企业选择正确的时机，设置正确的方向，按照正确的顺序，运用最有效率的方法去做正确的事情。企业家精神体现在企业战略制定之中，就是要使企业不断地追求卓越。这意味着企业管理者要努力维持企业的创新精神和进取精神，不断地探索和把握新的市场机会，改进和开发新的产品和服务，寻求满足顾客需要的更好的方法，随时准备应付来自环境和竞争者的威胁，使企业在市场竞争中始终处于不败之地。同时，企业管理者还需要正确地、不失时机地

决定企业应当放弃哪些业务，保持哪些业务，开发哪些新业务，怎样以正确方法对企业的业务进行调整，将企业的资源从低收益或收益下降的业务部门转移到高收益或收益增长的业务部门，使企业的资源得到最合理的运用，以取得更好的企业经营效益。

许多卓有成效的企业制定企业战略的经验表明，正确的企业战略建立在将企业内部因素的可能性与企业外部环境中各种约束条件的正确结合之上，通过深入细致的调查研究，根据主观和客观条件的变化及时地、创造性地调整和改进企业的活动，才能达到预期的经营成果。

制订一个完善的企业战略计划，绝对不是为了将它束之高阁。**贯彻落实战略计划，并取得预期的成果，这是企业管理者重要的职责之一，特别是中下层管理者的主要职责**。企业战略的实施虽然是一件具有行政管理性质的工作，但也充满了挑战性。它包括建立一个高效率的企业组织系统，激发职工的工作积极性和劳动生产率，创造一个有利于实现企业战略的企业文化环境，协调企业内部各方面的关系，修订工作进度，调整工作计划以适应环境的变化，在企业的经营活动偏离预期目标时能够及时采取正确的行动予以干预和纠正等。

在一定的意义上，对于企业管理者来说，制定企业战略是一件比企业战略的实施、控制、修正更重要的工作。道理很简单，无论一个企业的条件有多么优越，它的运行多么有效率，一旦它选错了方向和目标，它就永远不会获得成功；而它的资源越丰富、管理越有效，它所犯的错误也就越大，损失也就越严重。**因此，正确的企业战略是有效地实施和控制战略的前提，是企业获得成功的保证**。当然，从另一个角度来讲，一个企业如果在经营管理上一团糟，效率低下、士气不振，即使它选择了正确的方向，它也不能够获得成功。可以说，企业战略的正确制定是企业管理者工作中最重要的事情。然而，一旦战略已定，战略实施、控制的有效性就成为决定性的因素。

既要有一个正确完善的战略计划，使企业能够始终朝着正确的方向发展；又要有对战略计划的有效实施和控制，使企业能够完成预期的战略目标，这就是成功的企业区别于失败的企业的重要标志。**在企业长期的经营管理之中，只有将战略制定、实施、控制、修正完美地结合起来，共同发**

挥作用，才能使企业获得成功。卓越的战略规划配合以拙劣的战略实施与控制，必然不会达到预定的战略目标；同样，拙劣的战略规划配以高效率的战略实施与控制，也不可能会有什么了不起的成就。由此可得出评价一个企业战略管理工作成绩的标准。创造卓越的成就，是每一个企业管理者的梦想，而这个梦想的实现，在于成功的战略管理。由此可见企业管理者对于企业战略管理的重要性。

（四）企业管理者在战略管理中的责任

从一般意义上而言，企业管理者同时又是战略管理者。企业管理者作为一个群体，既有其协作配合的一面，又有其专业分工的一面。企业管理者往往承担着企业工作的不同方面，扮演着不同的角色，相应的，在战略管理中的责任也有所不同。表1－2从战略管理层次的角度分析了企业管理者在战略管理中的职责。

表1－2　企业管理者和战略管理层次

战略层次	责任者	战略管理工作重点
公司战略	企业高层管理者	制定和实施企业的宗旨、目标、政策和战略
战略层次	责任者	战略管理工作重点
事业部战略	事业部主要管理者	制定和实施公司战略之下的相关事业部战略
职能战略	职能机构的中级管理人员	制定和实施公司战略、事业部战略相配合的职能战略
战术	基层管理者和职工骨干	实现企业各层次战略的具体方法和步骤

由于工作性质和重点不同，企业管理者在战略管理过程中承担的职责也有明显的分工。一般而言，企业战略规划是企业高层管理者的主要职责，而战略的实施和控制是企业中下层管理者的主要职责。**当然，整个战略管理过程都要纳入企业的管理体系，大家既要各司其职、各负其责、恪尽职守，又要密切配合、和谐协作。**如果只有上级有积极性，下级不能配合，战略管理往往会以失败告终。表1－3从战略管理过程的角度分析了企业管理者在战略管理中的职责。

表 1-3 企业管理者与战略管理过程

企业管理者	战略管理过程中的主要任务
企业高层管理者	1. 制定公司的任务和战略； 2. 确定公司各事业部的任务； 3. 按照任务给各部门分配资源； 4. 批准各事业部的计划、预算和主要投资； 5. 考核各事业部的工作，保证整个公司按照战略规划顺利运作。
事业部主要管理者	1. 向公司高层管理者提出本事业部执行公司总体战略的事业部战略； 2. 制订本事业部的经营计划并获得上级批准； 3. 为取得最佳利润率和业务增长率而经营； 4. 按照公司方针、政策与程序进行管理。
职能部门管理者	1. 参与制定公司战略； 2. 制定公司范围的方针、政策与标准，通过考核与监督，保证执行的一致性； 3. 就各事业部的任务、战略、经营计划与预算问题，向公司高层管理者提出建议； 4. 就各事业部的职能部门工作，向公司高层领导者提出专门性的意见； 5. 制定职能部门系统的战略、目标和职责； 6. 对于关键岗位的任命、工作标准的设置以及考核评价，提出建议； 7. 在需要的地方提供职能方面的服务。

企业战略管理过程虽然是企业管理者乃至全体职工奉献聪明才智和经验的过程，但是相对而言，战略管理的主要职责是落在企业高层管理者身上的，其次才落到企业中层管理者身上，而企业基层管理者只承担战略管理的一小部分职责。

四、企业战略管理过程与模式

（一）企业战略管理过程

战略管理是在充分占有信息的基础上的一个系统的决策和实施过程，它必须遵循一定的逻辑顺序，包含若干必要的环节，由此而形成一个完整的体系。

企业战略管理过程包括四个相互关联的主要阶段，即战略分析阶段、战略选择阶段、战略实施阶段和战略控制阶段（如图 1－6 所示）。

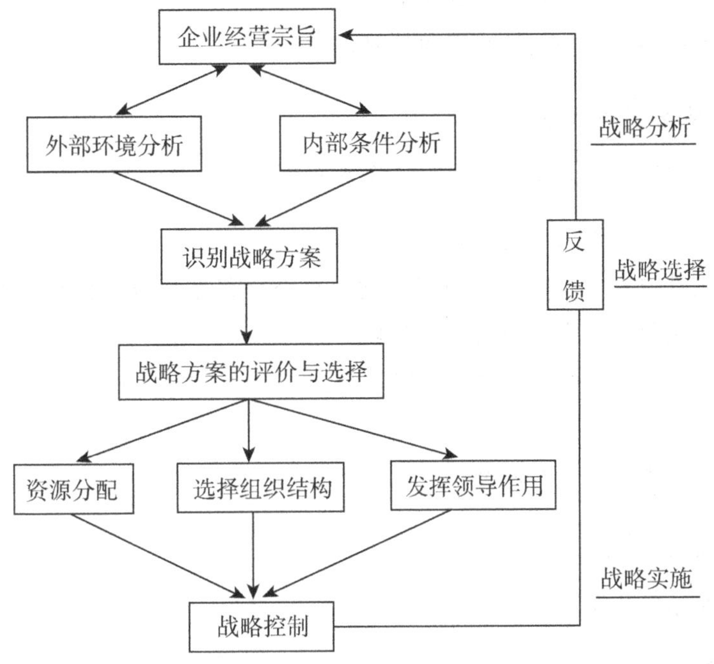

图 1－6　企业战略管理过程图

1. 战略分析阶段

在这个阶段，企业战略人员的主要工作有以下几个方面：

第一，确定企业的经营宗旨，包括对企业的经营目的、经营哲学、经营目标等的描述，和对与企业有利益关系的人和组织对企业期望的估计。**企业的经营宗旨的确定是与企业内部条件分析和外部环境分析分不开的。**

第二，评价企业内部条件，特别是对企业优势和劣势进行分析。

第三，分析评价企业的外部环境，特别是要评价企业面临的机会和威胁。

2. 战略选择阶段

企业战略人员在战略选择阶段的主要工作有以下几个方面：

● 根据外部环境和企业内部能力、企业经营宗旨，拟定可供选择的几种发展战略方案。

● 对上述各项战略方案进行分析评价。

● 最终选出一套供执行的战略。

● 为战略的实施制定政策和计划。

3. 战略实施阶段

这个阶段的主要工作包括以下几个方面：

● 在企业各部门之间分配资源。

● 设计与战略相一致的组织结构，这个组织结构应能保证战略任务、责任和决策权限在企业中的合理分配。

● 保证企业文化与战略的匹配。

● 发挥领导作用。

● 处理各项矛盾和冲突。

4. 战略控制阶段

这个阶段的主要工作包括：

● 制定效益标准；

● 衡量实际效益；

● 评价实际效益；

● 制订纠正措施和权变计划。

（二）战略管理过程的特点

虽然从理论上讲，企业战略管理过程可以划分成以上四个阶段，企业管理人员通过这四个阶段的工作对整个企业进行战略管理，但在这里仍需要强调以下三点：

1. 战略阶段划分具有模糊性

在企业管理的实践中，上述各阶段的工作并不总是能在时间上和内容上明确区分开。例如企业的经营宗旨、经营目的和经营目标，从反应内容的口径上渐次缩小，从时间长度上依次缩短，但由于经营目的是根据经营宗旨决定的，经营目标是根据经营目的决定的，所以它们在内容上不可避免地存在重叠之处。又如战略分析和战略选择阶段并不总是依次进行的，因为企业活动具有连续性，因而企业战略也势必具有连续性，新战略往往是对原有战略的调整和补充，完全抛开原有战略而从头开始一个战略管理过程的情况是不常见的。

2. 战略的制定和实施具有整体性

虽然战略和战略管理对企业的成功具有极其重要的作用，但战略的制定和实施工作是不可能与企业的其他工作完全分开的。这是因为，首先，有许多企业没有专职的战略人员，是由企业内同一批管理人员在他们进行日常管理工作的同时进行战略制定和管理工作的。例如，环境分析工作就可以分别由企业销售人员、财务人员、采购人员承担。其次，对战略管理负有主要责任的企业高层管理人员不可能将其工作时间明确地划分为用于战略管理的时间和非战略管理时间。而实际上管理人员的时间往往首先用于处理日常相对细小和具体的问题。

3. 战略的调整应坚持权变性

企业经营环境变化的时间和内容往往是不可预料的，人们不可能事先确定战略调整的时间。因此，虽然战略决策的时期一般在 5 年以上，但在环境发生突发性的重大变化时，即便是刚刚开始执行某项战略，也需要停止现有战略，转而确定和执行新的战略。而且，由于企业经营环境总是在变化，企业战略也会发生变化，这就使战略制定和执行工作具有很强的渐进性和动态性。

（三）战略管理系统模式

战略管理系统指企业按照战略管理过程的要求而设立的战略管理组织、机构、制度等的总称。

战略管理系统的规范性程度随企业不同而不同。**所谓规范性是指在决策中，系统在成员组成、职责、权力以及自由度等方面所预先明确的程度**。在战略管理过程中，战略管理系统具有多大程度的规范性，是由许多

因素所决定的。

一般来讲，战略管理系统的规范性通常与两个因素有非常大的关系，即企业的规模和企业所处的发展阶段。明茨伯格认为，一些企业，尤其是小型企业可能会采取“企业家模式”（Entrepreneurial Mode）。在这种模式中，对战略的评价是非常不规范的，凭直觉进行，并且在范围上是很有限的。在另一个极端，对战略的评价是一个范围广泛、规范的且具有多层性的战略管理系统的一个部分。这种战略管理系统模式被称为“计划性模式”（Planning Mode），它通常被大型企业采用。处于上述两种极端模式之间的第三种战略管理系统就是“适应性模式”（Adaptive Mode）。在这种模式下，企业所鉴别出的和评价的替代战略方案，与当前战略有极大的相似之处。一般说来，中型企业在相对稳定的环境中大都采取这种模式。表1－4列出了上述三种模式的特点和适用条件。

表1－4　战略控制系统的三种模式的特点及适用条件

		企业家模式	适应性模式	计划性模式
特点	决策动机	预应型	反应型	预应和反应型
	组织目标	发展	不确定	效率和发展
	对建议的评价	判断型	判断型	分析型
	做出选择的人	企业家	讨价还价	管理人员
	决策期限	长期	短期	长期
	偏爱的环境	不确定的	确定的	风险性的
	决策的连续性	松散的	不连贯的	一体化的
	模式的灵活性	灵活	适应型	受限制
	行动幅度	大胆的决策	渐进型	国际性战略
	方向的明确度	概况性		具体化的
适用条件	权力来源	企业家	分散的	管理者
	组织目标	作业性的	非作业性的	作业性的
	组织环境	屈服的	复杂、动态	可预测、稳定
	组织所处阶段	年轻的或小型的强有力的领导	建立起来的	大型的

企业战略环境

企业总是运行在一定的环境之中的，环境的变化给企业带来的或许是良好的机会，或许是致命的威胁。所以，我们必须时刻保持警惕，随时做好应变的准备。

——〔日〕本田宗一郎

一、企业宏观环境及对企业经营的影响

企业宏观环境包括政治法律环境、经济环境、技术环境、社会文化环境和自然环境。自然环境是指一个企业所在地区或市场的地理、气候、资源分布、生态等环境因素，由于自然环境各因素的变化一般较小或较慢，因此我们不做重点介绍。而政治环境、经济环境、技术环境和社会文化环境的变动可能较大，对于企业经营战略的影响比较明显，因而应重点阐述。

（一）政治法律环境及对企业经营的影响

政治法律环境是指一个国家或地区的政治制度、体制、政治形势、方针政策、法律法规等方面。

一个国家经济体制的选择是由政治力量决定的，尽管其背后仍是由经济力量支配的。当中国宣布经济体制改革的目标模式是建立社会主义市场经济体制时，众多的国有企业面临重大的转折点，它们不得不在战略上面对能否生存、如何发展的问题。

政府的政策还广泛地影响着企业的经营行为。即使在市场经济比较成熟的发达国家，政府对市场与企业的干预似乎也有增无减，如反托拉斯、最低工资限度、劳动保护、社会福利、进出口限制等。在中国则有诸如价格控制、差别税率、人口迁移管制等“传统”措施继续存在。

当然，政府的某些政策也可能会对某些行业、某些企业提供一种支持，如政府补贴、出口退税、科研基金、政府购买等。政府往往是一个重要的集团消费者，其购买的价值在美国要占整个社会购买力的20%左右。在中国，政府采购逐渐发展起来，对很多企业来说是很好的发展机遇。最新的例子是政府在上海、广州等城市投资兴建地铁与环城高架公路，这对当地及周围地区建筑行业，包括建筑机械行业、建材行业的发展有很大的刺激作用。

当然政府的很多干预往往是间接的，如以税率、利率为杠杆，运用财政政策、货币政策来调控宏观经济，以及通过干预外汇汇率来调整国际金融与贸易秩序。对中国而言，当前一个十分关键的问题是如何健全完善政府的宏观调控体系。

值得一提的是，在制定企业经营战略时，对政府政策的长期性和短期性的判断非常重要。企业战略对政府具有长期作用的政策要有反应，对短期性的政策则可视其有效时间或有效周期而不同对待，甚或置之不理。如中国在外汇汇率政策方面，一个明显的趋向是单一汇率体制。

如果遇到战争，则企业经营战略的执行就要被迫中断，此时企业必需的选择是：支持或反对战争，以及以何种方式支持或反对战争。

法律、法规作为国家意志的强制体现，对规范市场与企业行为有着直接作用。立法在经济上的作用主要表现为维护公平竞争、维护消费者利益、维护社会最大利益三个方面。市场经济越成熟的国家，往往在经济立法方面越完善。以美国为例，自 1890 年《谢尔曼反托拉斯法案》成立以来的 100 年间，又有 6 个法案或修正或补充《谢尔曼法》，以反对垄断和不公平竞争；在保护消费者方面，则有《食品药品及化妆品法案》《肉类检验法案》《消费品安全法案》等。《儿童保护法案》规定禁止销售有危险性的玩具及物品，《国家交通与安全法案》对汽车与轮胎规定了强制性最低安全标准等。所以企业在制定战略时，要了解既有法律的规定，特别是要关注一些酝酿之中的法律。

对企业来说，影响企业战略的政治和法律因素主要有：

- 税法的变革
- 企业和政府之间的关系
- 环境保护法
- 政府法规
- 外交状况
- 产业政策
- 政治结盟
- 专利法
- 政府财政支出
- 政府换届
- 政府预算规模

对企业战略有重要意义的政治和法律变量有：

- 政府的管制与管制解除
- 税法的改变

- 特种关税
- 专利数量
- 政府采购规模和政策
- 财政与货币政策的变化
- 特殊的地方及行业规定
- 世界原油、货币及劳动力市场
- 其他
- 专利法的修改
- 劳动保护法
- 公司法和合同法的修改
- 进出口限制
- 他国的政治条件
- 政府预算规模

（二）经济环境及对企业经营的影响

所谓经济环境，是指企业经营过程中面临的各种经济条件、经济特征、经济联系等客观因素。

对经济环境的分析，首先要考察目前国家经济处于何种阶段：萧条期、停滞期、复苏期还是增长期，以及宏观经济以怎样一种周期规律变化发展。在众多衡量宏观经济的指标中，国民生产总值是最常用的指标之一，它是衡量一个国家或一个地区经济实力的重要指标，它的总量及增长率与工业品市场购买力及其增长率有较高的正相关关系，如我国国民经济的高速增长就是伴随着机械设备的大量进口及其高速增长。同时宏观经济指标也是一个国家或一个地区市场潜力的反映。近年来，东南亚国家和地区以及中国成为欧美国家竞相投资的热点，正是因为这些国家和地区经济持续、稳定地高速增长喻示着巨大的潜在市场。

人均收入自变量与消费品购买力是正相关的经济指标。在中国，由于大多数人的薪金收入尚未达到所得税起征点，故其薪金收入即可看作是个人可支配收入，随着收入水平的不断提高，扣除基本生活费和所得税后的个人可自由支配收入正在不断提高。现在市场上显示的家用电器，如空调、音响、大屏幕彩电与金银首饰等耐用消费品的购买热，以及旅游、储蓄、房地产、证券投资热即表明了这一趋势，个人可自由支配收入的提高，给这些行业带来了机会，同时也带来了激烈竞争。

一国总人口数量的多少往往决定了许多行业的市场潜力的高低，如食品、衣着、交通工具等。中国13亿人口的市场规模一直让国外企业垂涎不已，尽管计划生育政策有效地控制了人口增长，但庞大的人口基数，伴随着经济的高速增长，仍然揭示了巨大的市场潜力与市场机会，而这也恰是吸引外商投资的根本动因。由于儿童绝对数量很可观，又由于家长对独生子女的宠爱，近年来儿童用品市场，如婴儿奶粉、玩具、巧克力、儿童服装、儿童食品等市场呈现出空前活跃的景象，并有向高档化发展的趋势。

价格是经济环境中的一个敏感因素。适度的通货膨胀可以刺激经济增长，但过高的通胀率对经济造成的损害往往难以预料，消费品价格上涨过快，使人们基本生活需要支出大幅度增加，误导的价格信号会使某些消费行为提前，而某些购买行为又被推迟，个人可自由支配收入的降低会长时间影响人们对消费品的需求和人们的购买习惯，特别是通货膨胀造成的社会心理损害，将对整个市场供求关系产生深远的影响。如果企业对此不能做出准确估计，或者说日后通货膨胀的程度大大超过了企业可能承受的范围，则企业既有的战略就会成为一页废纸。

对经济基础设施的考虑也是重要一环，它在一定程度上决定了企业运营的成本与效率。基础设施条件主要指一个国家或一个地区的运输条件、能源供应、通信设施以及各种商业基础设施（如各种金融机构、广告代理商、分销渠道、营销调研组织）的可靠性及效率。这在制定跨国、跨地区的经营战略时尤为重要。

在分析经济环境时，企业应重视的经济变量如下：

- 经济转型
- 可支配收入水平
- 利率规模经济
- 消费模式
- 政府预算赤字
- 劳动生产率水平
- 股票市场趋势
- 进出口因素
- 地区间的收入和消费习惯差别
- 劳动力及资本输出
- 财政政策
- 贷款的难易程度
- 居民的消费倾向
- 通货膨胀率
- 货币市场利率
- 国民生产总值变化趋势
- 就业状况
- 汇率
- 价格变动
- 税率
- 货币政策
- 其他

对经济环境的不确定性，企业可以求助于专业机构以获取经济预测服务。经济预测需采用多种预测技术，因而一般企业难以完成。

（三）技术环境及对企业经营的影响

技术环境是指一个国家和地区的技术水平、技术政策、新产品开发能力以及技术发展的动向等。对于一个企业来讲，当然要特别关注所在行业的技术发展动态和竞争者技术开发方面的动向。

技术的突飞猛进大大缩短了产品的寿命周期。最典型的一个例子就是个人电脑。在计算机界有著名的“摩尔法则”，即计算机的功能每6个月增加一倍，价格下降一半。计算机的普及大大改变了人们的工作方式。计算机在制造企业的运用，让我们看到无纸化设计、无人化生产的现代化企业模式；在银行业的运用，让我们得以最快、最方便地处理各种账务往来，包括国际商务票据结算、个人信用消费结算等；在商业领域的运用，让我们享受到连锁商店通过集中贮运、取得营业规模的优势而带来的成本降低的好处。至于计算机给其他领域带来的变化，诸如在办公自动化、医疗诊断、交通控制、图书馆管理等领域的变化，也是有目共睹的。计算机对企业经营战略的影响程度，取决于它未来的发展。

此外，新技术的产生导致生活方式产生重大改变。家用电器的迅速普及不能不说在一定程度上归因于新技术的发展；在西方，它则促使更多的妇女婚后就业，并增加可自由支配收入，刺激了选择性消费、奢侈性消费领域的发展。许多新技术的产生都会产生长期的重大影响，而且经常超过人们原先的估计。

然而对于企业经营战略设计的一个重要问题是：一种新技术的发明或应用可能又同时意味着“破坏”。因为一种新技术的发明或应用会促进一些新行业兴起，同时伤害乃至消灭另外一些行业。如日本电子手表工业严重威胁了瑞士的世界手表王国的地位；化工行业提供了新型的化纤织品，夺去了传统棉毛织品行业很大的一块市场；在中国城镇，液化煤气、管道煤气的日渐普及将消灭家用煤制品行业；而在世界范围内，电视正在拉走电影的观众。所以，**当今企业战略在选择战略方向时必须考虑技术因素，否则企业早晚会有生存之虞**。

一个国家经济增长速度的高低，是受采用重大技术发明的数量与程度影响的；一个企业的盈利状况也与研究与开发费用呈高相关关系。当今跨国公司发展的一个重要战略是增加研究开发费用的投入，在世界汽车行业、电子通信行业，如通用汽车公司、沃尔沃公司、梅塞德斯－奔驰公司、西门子公司以及爱立信公司等，我们都可从中看到这一趋势。近年来，它们的研究开发费用占销售额的比例几乎都在10%以上，这是一个让中国绝大多数企业感到不可思议的比例。

对于中国企业而言，在开发利用技术方面存在两个致命的不足：一是投入费用可怜；二是从技术或产品开发成功到商业化的距离很长，技术转化为生产力的效率很低。**技术开发是一个战略问题，是当代企业最主要的职能战略之一，它在一定程度上决定着企业的战略方向与生存能力。**

企业在评价技术环境时，应主要回答下列问题：

- 企业在生产经营中使用了哪些技术？
- 这些技术对企业的重要程度如何？
- 外购的原材料和零部件包含哪些技术？
- 这些技术最近的发展动向如何？哪些企业掌握最新的技术动态？
- 这些技术未来会发生哪些变化？
- 企业对以往的关键技术曾进行过哪些投资？
- 企业的技术水平与竞争对手相比如何？
- 企业及其竞争者在产品的开发与设计、工艺革新和生产等方面各进行了哪些投资？
- 外界对各公司的技术水平的主观排序如何？
- 企业的产品成本及增值结构是什么？
- 企业的现有技术能有哪些应用？利用程度如何？
- 这些技术正在发生的和将要发生的变化有哪些？
- 哪些技术变化应被纳入企业的应用日程？
- 企业进行技术资源投资的优先顺序是什么？
- 企业要实现目前的经营目标需要拥有哪些技术资源？
- 企业的技术投资水平及增长速度应在什么水平？
- 哪些技术投资应予以削减或取消？
- 为实现企业目前的经营目标应增加哪些新技术？

- 公司的技术对企业竞争地位的影响如何？是否影响企业的经营战略？

（四）社会文化环境及对企业经营的影响

社会文化环境是指一个国家和地区的民族特征、文化传统、价值观、宗教信仰、教育水平、社会结构、风俗习惯等情况。

每一个社会都有一些核心价值观，它们常常具有高度的持续性。如中国人民历来勤劳、忍耐，有牺牲精神，重视集体和家庭，有民族归属感，这些价值观与文化传统是历史积淀下来的，是通过家庭的繁衍与社会的教育而延续的，因此比较稳定，难以改变。而一些次级价值观是比较容易变化的。

社会文化随时间的推移可能发生变化，这就给每个时代的流行创造了机会。不少人一改原先处事持重的态度而涉足证券投资等风险事业；收入水平较高的人开始注重维持身体健康，喜欢滋补食品逐渐成为一种流行；都市生活的节奏加快，也使人们越来越重视闲暇时间，如快餐、速食食品、微波炉等越来越受欢迎就说明了这一点。

经济结构的变化导致社会文化的变迁，也会带来社会组织结构的变动。在我们的社会里，家庭已由传统的扩展家庭迅速分化为更多的核心家庭，以家庭为单位消费的产品的需求，如对家具、家电、洗衣机、电冰箱、淋浴器、电话等的需求迅速扩大；独生子女的家庭结构使子女对购买决策产生很大影响；妇女因与男士拥有平等的社会地位，使其在家庭消费中拥有实际的、较大的决策权。由于人民生活质量提高、寿命延长，我们的社会产生了一个庞大的老年人市场，然而因其购买力弱，这个市场在短时期内难以在社会消费潮流中占据主导地位；与此相反，市场经济给不少中青年带来了机会，他们快速增长的个人收入支持他们谋取生活的舒适和享受的多样化，他们已把许多高档商品视为生活必需品，他们的消费趋势为整个社会消费潮流提供着导向。

社会组织结构的变动还表现在共同利益群体成了社会经济生活重要的影响力量，如政党团体、工会、行业协会、消费者协会等。在西欧国家，绿色和平组织诞生的历史不长却迅速成为环境保护运动中的主导力量，他们要求限制一些污染严重的企业对污染物的排放量，乃至关闭某些污染源。他们反对捕杀某些稀有珍贵的动物以及以这些动物为原料制成的各种产品，他们的宣传与活动极大地改变了人们对生态环境保护的薄弱意识，也改变了某些产品的生产和消费行为。在美国，消费者协会及其杂志《消费者报告》对美国人的生活具有的作用和影响不可低估。

今天，我们的教育，无论就其内容还是形式，都正在变得愈发丰富多彩，从全日制的中专技校、高等学校，到各种夜校、函授学校以及各类短期培训班，应有尽有。教育方面的积极变化对企业经营产生了多方面的影响。受教育多，对产品的鉴别能力、接受能力强，购买理性程度高，对产品质量和品牌都较挑剔，还要求突出消费个性；而受教育愈多，一般收入也愈高，购买力也愈强，同时对书籍、艺术、旅行、文化娱乐的需求也愈大；受过职业教育的人口增加，意味着符合现代生产与经营要求的劳动力素质与供给的增加，而越来越多的人有机会接受高等教育，更为企业战略提供了最重要的人才资源的支持。

总之，社会文化环境对企业的经营战略有着潜移默化的影响。

值得企业注意的社会文化因素有：

- 企业或行业的特殊利益集团
- 国家和企业市场人口的变化
- 生活方式
- 对政府的信任度
- 公众道德观念
- 性别角色
- 种族情况
- 对退休的态度
- 对环境污染的态度
- 社会责任
- 收入差距
- 人均收入
- 对经商的态度
- 购买习惯
- 对售后服务的态度
- 对休闲的态度
- 对外国人的态度
- 价值观
- 审美观
- 社会保障计划
- 地区性趣味和偏好

其他

二、行业环境分析与行业吸引力

（一）行业结构与行业推动力

1. 行业结构

行业泛指由于产品类似而相互竞争，并满足同类买主需要的一组企业。行业结构一般可以划分为：分散型、成熟型、新兴型、衰退型、全球型、技术变革迅速型等几种类型，处于不同类型行业结构中的企业会面临不同的行业环境。具体可用于描述行业结构轮廓的资料有：卖主数量及相对规模大小、市场领先者情况、买主结构、销售渠道类型、行业中一体化趋势、进入与退出行业难易程度、行业规模与区域范围。在进行行业环境分析时，通常需要对以下一些特别的行业结构因素保持警觉。

第一，市场规模较大、增长率上升、利润率较高、生产能力不足，往往会吸引新的竞争者进入该行业；反之，市场规模较小、增长率减缓、利润率较低、生产能力过剩时，往往会引起行业竞争加剧，迫使一些企业退出该行业。

第二，很高的进入与退出障碍，在行业获高额利润时会起到保护现有企业市场地位与盈利水平的作用，而在全行业亏损时则会起到加剧企业之间竞争的作用；对于资金的大需求会增大进入与退出障碍，使得投资决策变得非常重要，这要求企业必须注意考虑投资时机的选择。

第三，纵向一体化会提高资金需求，在完全、部分或没有一体化的企业间产生竞争力量与成本优势等方面的差别；规模经济性会影响企业为了获得成本竞争力所必须达到的产量与市场份额。

第四，迅速的技术变化会增加经营的风险性，企业对于技术与设备的投资可能还没有完全折旧就已过时；快速的产品创新会缩短产品的生命周期，并由于存在被人超越的可能而使风险增加。

第五，对于买主认为是高价的产品，他们会倾向于选择其中价格最低的购买；标准化的产品会使买主显得更有力量，因为此时从一个卖主转换到另一个卖主很容易。此外，在进行行业结构分析时，还可以根据以下一些特征，将行业中的企业划分成若干战略集团，这些特征有：可比产品线范围、销售渠道、纵向一体化程度、为服务与技术帮助形式、对同一用户组吸引力、大众广告媒介使用、技术工艺、价格/质量比等。根据这些特征相同与否，可以将众多企业划分成不同的战略集团。而**对战略集团的分析，将有助于企业战略管理者加深对整个行业总体状况的了解。**

2. 行业推动力

行业结构只提供了行业环境状况的部分信息，考虑到大多数情况下每个行业都处于不断变化的状态，所以，有必要了解哪些因素构成了变化的激励或压力，形成了行业变化的决定力量，即行业变化的推动力。一般来说，对行业结构与环境变化影响最大的推动力主要有以下因素：

第一，行业长期增长率改变会影响行业内外企业的投资决策，引起企业进入或退出该行业，从而改变整个行业的相对供求关系与竞争强度；而一旦引起某大企业进入或退出该行业，则更会引起该行业竞争格局的根本改变。例如：来自另一行业的企业进入，往往会给现有市场带来创新思想，引起行业中原有企业改变竞争规则，产生新的竞争参与者；行业中原有大企业的退出，会减少市场领先企业的数目，增加仍留在该行业中的领先企业的垄断性，或者引发对退出企业原有用户的争夺战，最终使得行业结构发生变化。

第二，产品创新能够拓宽市场需求，增加竞争卖主之间的产品差别，吸引其他企业进入该行业；工艺创新能够大大改变产品单位成本、设备投资要求、工厂经济规模、纵向一体化紧迫性、学习曲线效应；营销创新利用新的产品营销方式来吸引买主兴趣，拓宽需求面，增加产品差别，降低单位成本，从而对行业中各企业的生产方法、规模经济性、营销渠道、相对成本地位等行业结构因素，对行业结构变化产生重要的推动作用。

第三，成本与效率的变化，会引起单位成本的迅速下降，使得大规模与生产经验积累成为竞争优势的关键所在，从而推动各个企业竞相采取扩大生产能力的做法，结果使得增长竞赛成为行业变化的主要推动力。当然，伴随这种增长竞赛，会出现各个企业竞购生产投入要素的现象，从而引起关键投入要素价格飞涨，最终有可能在各个行业之间引发寻找低价替代品的争夺战。

第四，政府法规与调控政策的变化会对行业结构的变化发展产生重要影响。例如：知识产权方面的法规健全与否，将对产权知识的扩散起决定性的作用，而产权知识的扩散则会对行业结构演变产生重要的作用。显然，**除非采取严格的保护措施，否则产权知识通过竞争对手企业、销售渠道、供应商、用户等途径的扩散，将会侵害产权持有企业的竞争优势，成为行业结构变化的重要推动力**。

第五，产品买主以及使用方式的改变，可能会带来新的市场需求，从而要求有新的战略与其相适应；用户偏好从希望有产品差别到强调通用产品的变动，将会引起企业对价格竞争与非价格竞争措施侧重点的改变，从而影响行业结构的改变。

（二）行业特征与战略焦点

每个行业中的企业其产品价格（收益）—成本—利润关系，都有一定的不同于其他行业中企业的基本特征，正是这些价格—成本—利润之间的相互关联特征，决定了企业成功经营的措施选择，所以，了解这些特征，可以被视为行业分析最基础的工作。行业特征可能表现在许多方面，每个企业都应从这些方面中选择几个影响企业成败的关键要素，并将战略工作的重点放在这些要素上。

为了经常性地开展行业特征与关键要素分析工作，企业可以建立内外部环境变化监控预警系统，来对行业战略焦点与问题进行及时的跟踪评价，并根据所得出的结论，提前对战略规划做出调整，为变化做好准备。尽管企业内外部环境监控预警系统的实际运行，需要利用企业主管的个人判断，来确定行业战略焦点与问题，具有较强的艺术性，但通常还是可以从考虑以下因素与问题中得到启发，从而更方便地弄清行业战略焦点及问题。

第一，能够影响行业吸引力的因素。

第二，行业是否正在逐步淘汰实力较弱的企业？紧接着，这种淘汰将会造成怎样的行业调整？诸如成本、技术、供应条件、竞争压力、新企业进入、各战略集团之间对抗行动之类因素的预期变动，可能会在多大程度上影响行业发展变化的前景？

第三，政府政策法规与调控措施、人口统计、通货膨胀、经济增长、失业率、利率等方面的可能变动，将会产生怎样的经济影响？这种影响是否会导致异常变动的出现？这些可能出现的异常变动，对行业状况、对其中的某些企业或战略集团、对关系企业成败的因素等将会产生怎样的特别重要的作用？

（三）影响行业吸引力的因素

企业通过分析行业结构、行业推动力及其特征，加深对行业环境的认识，其主要目的就是要得出关于整个行业短期与长期环境相对吸引力的结论，以便指导企业战略的制定。为此，在具体确定行业吸引力时，应对下列因素特别注意：

第一，市场规模、增长潜力、行业所处的生命周期阶段情况怎样？市场需求的稳定性与相互依赖性如何？行业的价格—成本—利润等经济要素的状况是否有利？大企业进入或退出行业的可能性有多大？

第二，行业中企业对投资需求的规模大小情况如何？技术与创新因素，包括专利、产权、潜在突破、创新速度等对行业发展的影响情况怎样？行业推动力对行业可能产生哪些有利或不利影响？法规、政治、社会与环境等方面对行业吸引力将会产生怎样的影响？

第三，行业结构：行业中竞争参与者是否太多？行业是否正在驱逐势单力薄的企业？是否正在逐步被个别实力雄厚的企业所垄断？行业内的竞争与一般市场竞争相比强弱程度如何？

第四，行业范围内的机会与威胁：行业所面临的主要问题是什么？其严重性程度如何？行业经营的风险与不确定程度怎样？行业繁荣与盈利的总体前景怎样？

除了上述这些行业吸引力分析的一般考虑，企业在具体确定行业吸引力时，还必须从自己的实际情况出发，进一步分析以下因素的作用：企业在行业中的地位情况；企业从实力较弱竞争对手的薄弱环节中取利的能力；行业中不断增加的新企业，对企业的竞争能力是否会产生重要影响；

企业是否有实力采取有效措施，使自己不受那些会引起整个行业吸引力下降因素的影响，或者至少能够部分地消除那些因素产生的不良影响。

三、企业所处经济状态的战略分析

（一）宏观经济状态

企业所面临的经济状态是指企业经营过程中面临的各种经济条件、经济特征、经济联系等客观因素，它是企业战略环境的一个非常重要的组成部分。**经济状态可以从宏观经济状态、市场需求以及竞争形势这些方面来刻画。**

分析经济状态，应首先考察目前国家宏观经济是处于什么阶段以及宏观经济以怎样一种周期规律变化发展。宏观经济发展状况及其规律可以用经济高涨、经济衰退和经济复苏等词进行描述。

1. 经济高涨

经济高涨的主要特征是国民经济增长速度较快，国民收入提高，有效需求高，市场购销两旺。经济高涨还有正常与非正常之分。正常的经济高涨除具有上述表征外，从宏观经济的角度看就是社会总供给与社会总需求在总量上基本是平衡的，结构也是基本平稳的，即商品供应量与需求量基本保持一致，商品品种与所需要的品种也基本一致。正常的经济高涨往往能使国民经济持续、稳定、协调发展。**一般情况下，正常的经济高涨将给企业发展带来更多的机会。**因此，在经济高涨时期企业应对未来经济发展充满信心，结合本企业情况，在可能条件下增加投资扩大生产规模，采取扩张战略。非正常的经济高涨又称为经济过热，虽然也具有上述表征，但经济增长速度已属超高速度。经济过热往往引发通货膨胀，从而进一步对企业经营造成不利影响。因此，一旦发生经济过热，企业应谨慎从事。如果企业产品属于长线产品，应坚持压缩；如果属于短线产品则应从帮助政府克服通货膨胀的角度出发，筹资发展生产。

2. 经济衰退

经济衰退的特征主要是经济增长速度大幅度下降，以致零增长或负增长，市场萎缩、人民购买力下降、有效需求严重不足。在西方国家，经济衰退往往会伴随经济危机发生，此时社会总供给远大于社会总需求，生产相对过剩，产品无人问津，企业、银行纷纷破产。我国目前社会主义市场经济体制尚未完全确立，市场机制尚未发挥调节供求及资源配置应有的作用，因而在经济过热时往往采取行政手段抑制总需求，结果既压了需求也影响了供给，会引发整个经济的衰退。**在经济衰退时期，企业应以收缩保存实力为主，不宜盲目扩张，大都以采取防守和紧缩型战略为主。**

3. 经济复苏

经济复苏是指经济摆脱衰退阴影，逐步走出低谷。其主要表征是，经济开始缓慢增长，市场逐渐繁荣，人民的收入水平有所提高，需求逐渐增加，生产得到恢复。经济复苏的开始，预示着经济发展将持续一个很长时期，如果政府在经济发展的引导上政策对头、措施得力，那么经济发展就能走上正常轨道。在这一时期，企业应该看到经济复苏后的长时期发展势头，从而想办法抢先占领市场，使企业得到超常规发展。在这一时期，企业一般宜采取进攻型战略。

（二）市场需求

市场需求是指市场上的消费者（用户、顾客）为了进行生产性消费和生活性消费对商品产生的需求的总称。由于一切生产性消费最终都是为了满足生活性消费需要，因此，**一般所说的市场需求，主要指最终的消费需求**。消费者与市场需求是企业环境的一个重要因素，如何使产品做到适销对路并不断扩大市场占有率，弄清谁是本企业产品的主要用户，这些问题都离不开市场需求分析。市场需求分析主要是分析本企业的总体市场和各个细分市场在需求上的特点及其影响因素。

1. 市场细分化

分析市场需求，首先要对企业的总体市场进行细分，使企业能找到有利的地区或购买者。所谓市场细分化就是将企业的总体市场按一定要素再

细分成一些子市场。市场细分化可使企业找到并利用较好的市场机会。例如，日本手表公司通过对美国手表市场的细分，发现美国的国产手表和进口的瑞士表只能满足30%愿意买高档手表的消费者的需要，愿意购买中低档手表的占70%的市场面，其需要却得不到满足，于是该公司立即推出款式新颖、价格便宜、负责保修的“精工牌”手表，打入了美国的手表市场。

细分市场采取的标准或因素如下。

第一，地理因素。首先，可把市场划分为国内市场和国际市场两大类。国内市场又可按不同地区进一步划分为当地、本省、大区等不同市场；国际市场也可按不同国家或地区进一步划分为东南亚、日本、美国等不同市场。其次，还可把市场划分为城市和农村市场两类。

第二，人口因素。主要考虑年龄、性别、职业、教育程度、宗教、民族、家庭组成、家庭人均收入等因素，还可按消费者群体结合情况把市场分为个人、家庭、集团等。

第三，心理因素。主要考虑生活爱好、购买目的、使用者地位（未用过、以前曾用过）、品牌忠诚度等因素。

细分生产资料市场时除考虑地理因素和人口因素外，还应考虑用户所属行业（工业、农业等）和购买数量（大客户、小客户）这两个因素。

2. 影响市场需求的因素

通过市场需求分析，要明确产品的用户是谁，何时需要，需要多少。要确定这些问题就要考虑下面六个因素。

第一，经济发展趋势。经济发展趋势是指国民经济的发展速度、轻重比例关系的调整、经济结构的改变等，这些都会影响产品特别是生产资料的生产与销售。在经济调整时期，由于生产建设性投资比重的降低，机器设备等生产资料产品的需求也会减少。

第二，人口。这主要是指人口的数量及构成。人口增长，对消费品的需求也相应增长，不同的人口构成对产品的需要也是不同的。例如，老年人数量的增加，加大了对营养食品、滋补药品、旅游、老年人服装等方面的需求；人口中文化水平的提高，也会使人们的兴趣发生变化，对高档商品会更感兴趣。

第三，购买力。购买力包括居民购买力和企业购买力两种，前者主要影响消费品的需求，后者主要影响生产资料的需求。**居民购买力主要是看家庭人均收入。随着居民购买力的提高，消费者需要的商品构成也在变化**。企业的购买力主要受投资收益率的影响。

第四，科技进步。科学上的发明和技术上的进步及其在生产上的应用会激发顾客新的需求，从而推动产品更新换代甚至导致整个产业结构的改变。例如：美国有关石油开发和设备制造部门正在研究一种程序自动化和效率很高的数控钻采技术，这种先进技术一旦被推出，势必会影响我国石油机械工业的发展。

第五，季节。这是指自然季节和社会季节的变化会对产品需求产生的周期性影响。自然季节对消费品需求的影响是明显的。同时，它对生产资料需求也有一定影响，如农药化肥、农用薄膜等的需求都有很强的季节性。**社会季节是由风俗习惯、节日、纪念日等构成的，它对产品需求也有很大影响**。

第六，政府政策。政府制定的方针政策对市场需求也会产生很大影响，如政府制定鼓励发展某产业的政策通常会扩大其后向产业所面对的市场需求。

分析市场需求就是要对上述因素进行调查和预测。调查主要是了解有关因素的过去和现实状况。预测则是根据调查得来的资料、信息，对某些因素的今后发展趋势进行推测，从而掌握市场对本企业产品的需求。

（三）竞争形势

竞争形势是构成企业经济状态环境的一个要素，它对企业的经营产生直接的影响。

1. 竞争的推动力量

这里指影响竞争的因素。如上节所述，竞争的推动力量除现有企业之间的竞争外，还包括购买者、供应者、潜在加入者和代用品四个方面。上述五种推动力量相互作用，最终决定了企业所面临的竞争形势。

2. 竞争范围

竞争范围与企业的经营领域有关。对于单一行业经营的企业来说，由于竞争范围较窄，竞争对手的选择也相对集中。对于多样化经营的企业来说，因竞争范围涉及两个以上的行业，竞争对手的选择面也比较宽。此外，地理因素也是竞争范围的一个方面。有些企业实力雄厚，以全球为竞争范围；有的企业力量有限，仅以国内或地区为竞争范围。竞争范围明确后，就可按产品的类似性确定竞争对手和竞争内容。**竞争对手就是与企业有着直接利益关系的对象，选择时不但要重视直接竞争对手，而且要注意潜在竞争对手。**

3. 竞争层次

竞争层次是指本企业产品在市场上占据的地位，是市场领先者、跟随者还是相同者的问题。企业在不同竞争层次遇到的竞争对手是不同的，层次低的竞争对手较弱，层次高的竞争对手较强。企业应从实际出发，按照企业实力确定竞争层次。

4. 竞争对手

要对竞争对手进行分析需要了解以下几个问题：

- 谁是主要竞争者，其市场占有率如何，最近有何变化？
- 他们的产品过去和现在卖给哪类消费者或用户？
- 他们的产品如何定价，趋势如何？
- 他们的产品在市场上是怎样分布的，有何趋势？
- 他们采用什么销售方式，投入费用水平怎样？
- 他们的研发能力怎样？
- 他们有无可利用的弱点？
- 最近是否出现新的竞争者，其方向、目标、市场如何？

了解竞争对手的上述情况主要是靠收集各种可公开得到的情报和信息。一般可采用以下一些收集方式：

- 购买竞争者的产品。
- 参加一些展销会和业务方面的表演。
- 阅读有关竞争者发展情况的报告。
- 收集竞争者的广告。

- 阅读报道同行业务的报刊、书籍。
- 与了解竞争者情况的人员交谈，这些人员包括在竞争企业工作的职工，与竞争对手有业务联系的批发商、供应商、运输公司等。

通过对竞争对手情报信息的收集和分析，不但可以帮助企业更加明确市场机会在哪里，风险在哪里，而且可以帮助企业明确经过怎样的努力才能与之相适应，从而在竞争中取得胜利。

四、产业结构的战略分析

美国企业战略管理专家波特教授在《竞争战略》一书中，从产业组织理论的角度，提出了产业结构分析的基本框架——五种竞争力分析。波特认为，在每一个产业中都存在五种基本竞争力量，即潜在进入者、替代品、购买者、供应者与现有竞争者间的抗衡。如图 2－1 所示：

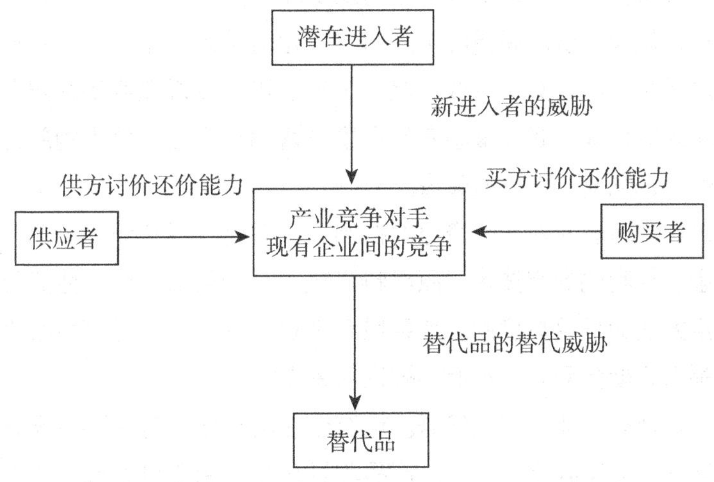

图 2－1 驱动产业竞争的力量

在一个产业中，这五种力量共同决定了产业竞争的强度以及产业利润率，最强的一种或几种力量占据着统治地位并且从战略形成角度来看起着关键性作用。产业中众多经济技术特征之于每种竞争力的强弱都是至关重要的，这些内容将逐一展开。

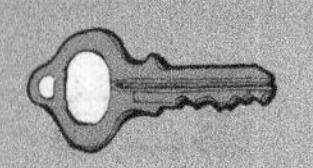

（一）潜在进入者的进入威胁

利润是对投资者的一个信号，并能够经常导致潜在进入者的进入。潜在进入者将在两个方面减少现有厂商的利润：第一，进入者会瓜分原有的市场份额获得一些业务；第二，进入者减少了市场集中，从而激发现有企业间的竞争，减少价格—成本差。**对于一个产业来说，进入威胁的大小取决于呈现的进入障碍与准备进入者可能遇到的现有在位者的反击。**

1. 进入障碍

进入障碍是指那些允许现有企业赚取经济利润，却使产业的新进入者无利可图的因素。

第一是结构性障碍。波特指出存在7种主要结构性障碍：规模经济、产品差异、资金需求、转换成本、分销渠道、其他优势及政府政策。如果按照乔·贝恩的分类，这7种主要障碍又可归纳为3种主要进入障碍：规模经济、现有企业对关键资源的控制以及现有企业的市场竞争优势。

其一，规模经济。规模经济是指在一定时期内，企业生产的产品或劳务的绝对量增加时，其单位成本趋于下降。当产业规模经济很显著时，处于最小有效规模或者超过最小有效规模经营的老企业对较小的新进入者就有成本优势，从而构成进入障碍。

其二，现有企业对关键资源的控制。现有企业对资源的控制一般表现为对资金、专利或专有技术、原材料供应、分销渠道、学习曲线等资源及资源使用方法的积累与控制。如果现有企业控制了生产经营所必需的某种资源，那么它就会受到保护而不被进入者侵犯。

其三，现有企业的市场优势。现有企业的市场优势主要表现在品牌优势上，这是产品差异化的结果。产品差异化是指由于顾客或用户对企业产品的质量或商标信誉的忠实程度不同而形成的产品之间的差别。

第二是行为性障碍。行为性障碍是指现有企业对进入者实施报复手段所形成的进入障碍。报复手段主要有两类：

其一，限制进入定价。**限制进入定价往往是在位的大企业报复进入者的一个重要武器，特别是在那些技术优势正在削弱，而投资正在增加的市**

场上，情况更是如此。

其二，进入对方领域。进入对方领域是寡头垄断市场上常见的一种报复行为，其目的在于抵消进入者首先采取行动可能带来的优势，避免对方的行动给自己带来风险。例如，美国一家生产经营咖啡的企业麦氏公司主要在美国的东海岸经营，另一家企业福格公司主要在美国西海岸经营。当福格公司被宝洁公司收购后进入东海岸，麦氏公司立即在西海岸加强销售攻势予以反击。

2. 退出障碍

退出障碍是指那些迫使投资收益低甚至亏损的企业仍然留在产业中从事生产经营活动的各种因素。这些因素主要有如下几个方面：

第一，固定资产的专用性程度。当资产涉及具体业务或地点的专用性程度较高时，就会使其清算价值降低，或者转移及转换成本高，从而难以退出现有产业。例如，房地产业由于资产地点专用性程度高，一旦投资，很难撤回；又如，我国烟草业生产能力大大过剩，但大量低效益的小型烟厂仍在维持生产，这可能主要是由于地方保护主义作祟，但是烟机的专用性程度高也是一个原因。

第二，退出成本。**退出成本包括劳工协议、重新安置的成本、备件维修能力等**。例如，我国一些地区的国有企业开始退出某些领域，当这些企业被民营企业购并后，对于多余的人员，一些企业采用“买断”方式，即按工龄给予职工一定的补偿，从而终结原企业与职工的劳动合同。如果这些成本过高，会加大退出障碍。

第三，内部战略联系。这是指企业内某经营单位与公司其他单位在市场形象、市场营销能力、利用金融市场及设施共用等方面的内部相互联系。这些因素使公司认为留在该产业中具有战略重要性。例如，一个公司下属的金融公司往往由于与其他公司有债权债务关系，很难迅速撤出。

第四，感情障碍。企业在制定退出战略时，会引发一些管理人员和职工的抵触情绪，因为企业的退出往往使这些人员的利益受到伤害。**我国一些学者指出，在国有企业从某些领域退出时，必须充分考虑广大员工的基本感情和利益。**

第五，政府与社会约束。政府考虑到失业问题和对地区经济的影响，有时会出面反对或劝阻企业轻易退出的决策。我国一些国有企业虽然早已陷入困境，但至今未破产很大程度上是由于政府与社会的约束。

（二）替代品的替代威胁

研究替代品的替代威胁，首先需要弄清“产品替代”的两种概念。

1. 产品替代的两种概念

产品替代有两类，一类是直接产品替代，另一类是间接产品替代。

第一，直接产品替代。即某一种产品直接取代另一种产品，如苹果计算机取代王安计算机。前面所引用的波特关于产业的定义中的替代品，是指直接替代品。

第二，间接产品替代。即由能起到相同作用的产品非直接地取代另外一些产品，如人工合成纤维取代天然布料。波特在这里所提及的对某一产业而言的替代品的威胁，是指间接替代品。

当然，对某些产品来说，直接替代品与间接替代品的界限并不一定十分清晰。因而，直接产品替代与间接产品替代只能是一个相对的概念。

2. 替代品的威胁

替代品往往是新技术与社会新需求的产物。对于现有产业来说，这种“替代”威胁的严重性不言而喻。

老产品能否被新产品替代，或者说，新产品能否替代老产品，主要取决于两种产品的性能—价格比的比较。如果新产品的性能——价格比高于老产品，新产品对老产品的替代就具有必然性；如果新产品的性能—价格比一时还低于老产品的性能—价格比，那么，新产品还不具备足够的实力与老产品竞争。这里“性能—价格比”的概念，事实上就是价值工程中“价值”的概念。**价值工程中的一个基本公式：价值＝功能/成本，贯穿于价值分析的整个过程，而价值工程就是起源于寻找物美价廉的替代品。**

当然，替代品的替代威胁并不一定意味着新产品对老产品最终的取代。几种替代品长期共存也是很常见的情况。例如，在运输工具中，汽车、火车、飞机、轮船长期共存；在城市交通中，公共汽车、地铁、出租汽车长期共存等。但是，**替代品之间的竞争规律仍然是不变的，那就是价**

值高的产品获得竞争优势。

（三）供应者、购买者讨价还价的能力

五种竞争力模型的水平方向是对产业价值链的描述。它反映的是产品（或服务）从获取原材料开始到最终产品的分配和销售的过程。**企业战略分析的一个中心问题就是如何组织纵向链条。**产业价值链描述了厂商之间为生产最终交易的产品或服务，所经过的价值增值的活动过程。因此，产业价值链上每一个环节，都具有双重身份：对其上游单位，它是购买者；对其下游单位，它是供应者。购买者和供应者讨价还价的主要内容围绕价值增值的两个方面——功能与成本展开。讨价还价的双方都力求在交易中使自己获得更多的价值增值，因此，对购买者来说，希望购买到的产品物美而价廉；而对供应者来说，则希望提供的产品质次而价高。购买者和供应者讨价还价的能力大小，取决于它们各自在以下几个方面的实力。

1. 买方（或卖方）的集中程度或业务量的大小

当购买者的购买力集中，或者对卖方来说是一笔很可观的交易时，该购买者讨价还价能力就会增加。例如，参加旅游公司的旅游费用远远小于个体单独旅游的费用，其原因在于旅游公司对于航空公司、宾馆饭店、旅游景点、餐馆等供应者来说，都是“大宗”的购买者，它们可以以大大低于市场的价格安排团体旅游所需的活动。同样，当少数几家公司控制了供应者集团，在其将产品销售给较为零散的购买者时，供应者通常能够在价格、质量等条件上对购买者施加很大的压力。例如，我国电信产业至今处于高度集中状况，广大消费者就不得不支付大大高于欧美国家电信服务的费用。

2. 产品差异化程度与资产专用性程度

当供应者的产品存在差异时，替代品就不能与供应者销售的产品竞争，因而供应者讨价还价的能力就会增强。例如，我国一些企业生产所需的外购件，外国品牌的价格远远高于国产品牌，外商不肯降价的主要原因，在于国内产品还不能替代国外产品；反之，如果供应者的产品是标准的，或者没有差别，就会增加购买者讨价还价的能力。因为在产品无差异的条件下，购买者总可以找到最低的价格。例如，目前，我国家用电器产

品中的国际品牌与国产品牌的差异已微乎其微，导致国际品牌产品也不得不参与国内品牌产品的价格竞争。与产品差异化程度相联系的是资产专用化程度，当上游的供应者的产品是高度专用化的，它们的顾客将紧紧地与它们联系在一起，在这种情况下，投入品供应商就能够影响产业利润。

3. 纵向一体化程度

如果购买者实行了部分一体化或存在后向一体化的现实威胁，在讨价还价中就处于能迫使对方让步的有利地位。例如，通用汽车公司和福特汽车公司以通常使用“自己生产”这一筹码作为讨价手段而著称，它们实际采取所谓的“渐变一体化”（详见第五章），即对某一零部件，自己生产一些满足部分需要，其余的向外部供应商购买。在这种情况下，不仅存在进一步一体化的现实威胁，而且购买者自己也生产一部分零件而使其具有详尽的成本知识，对于谈判极有帮助。同样，当供应者表现出前向一体化的现实威胁，也会提高其讨价还价的能力。

4. 信息掌握的程度

当购买者充分了解需求、实际市场价格甚至供应商的成本等方面信息时，会比在信息贫乏的情况下掌握更多的讨价还价的筹码。购买者将处于更有利的位置，保证自己从供应者那里得到最优惠的价格，并可以在供应者声称它们的经营受到威胁时予以回击。同样，如果供应者充分地掌握了购买者的有关信息，了解购买者的转换成本（即从一个供应者转换到另一个供应者的成本），也增加了讨价还价的能力，并在购买者赢利水平还能承受的情况下，拒绝给予提供更优惠的供货条件。

（四）产业内现有企业的竞争

产业内现有企业的竞争是指一个产业内的企业为市场占有率而进行的竞争。**产业内现有企业的竞争是通常意义上的竞争，这种竞争通常是以价格竞争、广告战、新产品引进以及增加对消费者的服务等方式表现出来的。**

产业内现有企业的竞争在以下几种情况下可能是很激烈的：

- 产业内有众多的或势均力敌的竞争对手；
- 产业发展缓慢；

- 顾客认为所有的商品都是同质的；
- 产业中存在过剩的生产能力；
- 产业进入障碍低而退出障碍高。

产业内现有企业的竞争分析，是企业战略分析的重点部分。下面，我们将在本节的另外两部分——“市场结构与竞争”与“战略群体”中，对产业内现有企业的竞争做一个分析性的阐述。

五、企业战略环境要素评价

（一）企业战略环境要素评价模型

在找出企业的战略环境要素，收集了有关信息，预测了关键要素的变化之后，战略环境要素评价模型可以帮助企业战略管理者对上述分析工作进行概括和进一步分析。由于主观判断在此模型中的影响，不能过分夸大此模型的作用。建立这个模型的主要步骤方法如下：

第一，列出企业的主要机会和威胁。

第二，给每个因素确定一个权数。权数应在 0.0（不重要）到 1.0（很重要）之间。每一因素的权数说明这个因素在一个行业中对企业成功的重要性。各个因素的权数总和应该等于 1。

第三，按四分制给每一个因素打分，表明这个因素是企业的重大威胁（1 分）、轻度威胁（2 分），一般机会（3 分）、重大机会（4 分）。

第四，将每一因素的权数和分数相乘得到某一因素的加权分数。

第五，将每一因素的加权分数加起来，总和就是一个企业的总加权分数。

无论这个模型包括多少重要机会或威胁，企业的总加权最高分数是 4 分，最低是 1 分，平均数是 2.5 分。得 4 分的企业正处在有吸引力的行业，而且有许多外在机会；相反，得 1 分的企业则处在无吸引力的行业，面临许多严重的威胁。

在外部因素评价模型中列举的机会和威胁，一般应控制在 5～20 个之间。表 2－1 就是一个使用这一模型的例子。从中可以看到，政府放松管制是这个行业最重要的战略环境因素。本例中，公司面临两个机会：美国人口向西部转移和计算机化的信息系统。这个企业也有一个主要威胁，就是利率的上升。企业总加权分数是 2.7，这表明该企业所处的行业只有略高于平均水平的吸引力。

表 2－1　战略环境要素评价模型示例

关键战略环境要素	权数	分数	加权分数
利率上升	0.20	1	0.20
美国人口向西部转移	0.10	4	0.40
政府放松管制	0.30	3	0.90
一个主要对手采取扩张战略	0.20	2	0.40
信息系统计算机化	0.20	4	0.80
总加权分数	1.00		2.70

（二）行业关键战略要素评价矩阵

行业关键战略要素评价的矩阵分析方法是通过对行业关键战略要素的评价分值比较，展示出行业内各竞争者之间的相对竞争力量的强弱以及面临的机会与风险的大小，为企业制定经营战略提供一种用来识别本企业与竞争对手各自竞争优势、劣势的工具。建立行业关键战略要素评价矩阵可按以下四个步骤进行：

第一，由企业战略决策者识别行业中的关键战略要素。评价矩阵中一般要求 5～15 个关键战略要素。**具体由战略决策者通过研究特定的行业环境与评价结论，针对与企业成功密切相关的要素达成共识**。在分析中常见的关键战略要素有市场份额、产品组合度、规模经济性、价格优势、广告与促销效益、财务地位、管理水平、产品质量等。

第二，对每个关键战略要素确定一个适用于行业中所有竞争者分析的权重，以此表示该要素对于在行业中成功经营的相对重要性程度。权重值的确定可以通过考察成功竞争者与不成功竞争者的经营效果，从中得到启发。每一要素权重值的变化范围从 0.0（最不重要）到 1.0（最重要），且各要素权重值之和应为 1。

第三，对行业中各竞争者在每个关键战略要素上所表现的力量、相对强弱程度进行评价。评价的分数通常取为 1、2、3、4，依次为 1 表示最弱，2 表示较弱，3 表示较强，4 表示最强。评价时必须注意各分值的给定，应尽可能以客观性的资料为依据，以便得到较为科学的评价结论。

第四，将各关键战略要素的评价值与相应的权重值相乘，得出各竞争者在相应战略要素上相对力量强弱的加权评价值。最后对每个竞争者在每个战略要素上所得的加权评价值进行加总，从而得到每个竞争者在各关键战略要素上力量相对强弱情况的综合加权评价值。这一数值的大小揭示了各竞争者之间在总体力量上的相对强弱情况。

表 2－2 提供了一个行业关键战略要素评价矩阵分析的示例。

其中财务地位的权重值为 0.4，表明其为关系到企业经营战略成败的最重要的战略要素；本企业在产品质量方面的评价值为 4，表示在产品质量方面本企业力量最强；竞争者 2 在财务地位与综合力量方面均属最强，其得分分别是 4 与 2.8；而竞争者 1 的综合加权评价值为 2.2，表示其在综合力量方面最弱。

表 2－2　行业关键战略要素评价矩阵示例

行业关键战略要素	权重	本企业		竞争者 1		竞争者 2	
		评价值	加权评价值	评价值	加权评价值	评价值	加权评价值
市场份额	0.2	3	0.6	2	0.4	2	0.4
价格竞争	0.2	1	0.2	4	0.8	1	0.2
财务地位	0.4	2	0.8	1	0.4	4	1.6
产品质量	0.1	4	0.4	3	0.3	3	0.3
用户信誉	0.1	3	0.3	3	0.3	3	0.3
综合加权评价值	1		2.3		2.2		2.8

第三章

企业总体战略

综合把握企业发展战略，做到进退得法、收放自如，是我们在这个充满剧烈变化和全球经济一体化世界里消弭风险、避免一招错而满盘皆输局面的最佳选择。

——〔中国香港〕霍英东

一、企业进入战略

（一）企业进入战略的分类

在决定进入新的经营领域时，企业一般可以采用三种形式，即企业购并、内部创新与合资经营。

1. 企业购并

购并是企业取得外部经营资源、谋求对外发展的战略。通过购并，购并方企业使被购并方企业经营资源的支配权发生转移，购并方企业获得了对被购并方企业资产的支配权。在这里，经营资源支配权的转移是购并的本质特征。被购并方企业或经营单位丧失经营资源的支配权，被改组成购并方企业的所属部门。通过购并其他企业，企业可以迅速获得新的经营资源，扩大经营规模，开拓新的市场。另一方面，被购并的企业可以用不需要的经营资源换取新的资金，并可通过出售不需要的经营单位来调整企业的结构，改善企业的经营状况，把企业的人力、物力和财力投入更具有吸引力的经营领域，使企业更好地发展。

2. 内部创新

企业通过内部创新，开发新产品进入新的市场，或者重新塑造市场，从而进入一个新的行业。内部创新不一定是最先进的创新，模仿者往往也采取这种战略。

企业在运用内部创新方式进入新的经营领域时，必须考虑两个问题：一是该行业的进入障碍；二是该行业中企业的反应。就是说，企业采取内部创业办法，除了在新经营领域中对必要的生产设备、人员等进行投资，还需要克服如商标识别、专有技术使用等结构性壁垒，以及因该经营领域企业报复性行为而导致的额外投资。

此外，从企业总体投资组合来看，内部创新的经营单位常常是“问题”单位，需要有大量的财力支持才能进一步发展。因此，**企业对这种新**

的经营单位一方面要从管理入手，另一方面不要过于注重短期效益，要看到其长远的发展。

3. 合资

这是企业进入新经营领域的一种常用的战略选择形式。企业通过合资经营的形式，进入彼此的经营领域，共同经营，共担风险，从而使双方在生产经营上具有紧密的联系，实现双方资源和能力互补，达到共同发展的目的。企业根据需要，所选择的合资经营对象可以是国内的合作者，也可以是国际合作者。

（二）购并战略

1. 企业购并的类型

根据购并企业和购并企业经营产品与市场的关系，购并战略可以分为以下五种类型。

第一，横向购并。即在同一地区的同一市场从事同一产品或同种产品生产经营的两个企业的合并。

第二，纵向购并。即在生产链上相邻阶段的两个企业进行合并。

第三，扩大产品门类购并。即在生产或销售方面具有联系，但销售的产品又没有直接竞争关系的两个企业进行合并。

第四，扩大市场的购并。即生产同一种产品，但产品在不同地区的市场上销售的两个企业进行合并。

第五，纯复合型企业购并。这是指产品与市场都没有任何联系的两家企业进行合并。

上述各类购并，发展方向各有不同，但都能扩大企业的经营业务，都有可能为企业创造出新的价值。这种价值会高于购并前各企业创造价值的总和，产生出协同作用的效益。

2. 企业购并的动机

企业采用购并战略的动机通常有以下几方面：

第一，扩大规模经济。**通过横向购并，同一行业的两家企业进行合并，可以实现规模经济，降低生产经营成本。**在购并中，企业可以减少管

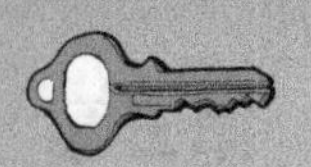

理人员，从而减少单位产品的固定成本；企业可以利用另一个企业的研究开发成果，从而节省研究开发费用；同样，企业在市场营销上也可以节省广告费用和推销费用等。

第二，提高经济效益。通过纵向购并，生产链上不同阶段的企业集中在一个企业里，可以使各阶段之间的生产经营活动更好地衔接起来，保证半成品的及时供应，降低运输费用，节省原材料、燃料，从而降低成本。

第三，降低经营风险。企业通过购并，能增加企业生产的产品种类，实行经营的多样化，从而有可能减少企业的风险。此外，企业进入新领域，如果投资新建，不仅要开发新的生产能力，还要花费大量的时间和财力获取稳定的原料供应，寻找合适的销售渠道，开拓和争夺市场，这就导致不确定性因素增多，风险成本变高。企业通过购并，则可以避免这些风险。**对于小企业来讲，通过购并，可以解决资金短缺问题，避免发生财务危机的风险。**

第四，加强企业内部管理。通过购并，管理完善的企业可以改善被兼并企业的内部管理问题，使企业资源得到充分利用，转亏为盈，从而提高经济效益。

第五，增加对市场的控制能力。企业通过横向购并和纵向购并，都会增加企业的市场控制能力。横向购并，特别是把竞争对手购并过来，可以减少竞争，增加市场份额。纵向购并可以在某种程度上提高企业对市场的垄断性，如通过购并形成对原材料或销售的垄断等。

3. 企业购并的基本原则

企业购并是一种常用的战略选择方式，但也存在一定的风险。因此，在购并现有企业时，一定要对该企业的发展前途、经营风险、获利能力、资产负债等项内容有一个正确的评估，然后再做出抉择。

第一，企业的发展前途评估。每一种产品都有其生命周期。如果被购并企业产品的市场需求萎缩，在市场上属于饱和或淘汰产品，企业则很难有发展余地，这样的结果便不符合企业当初购并的设想。

第二，获利能力的评估。企业购并的目的是要使利润最大化。因此，企业要对被购并企业的获利条件进行认真的评估，将损益表上的收入和成本逐项分析，了解其盈亏的实际情况。

第三，资产评估。资产分为两种，一种是有形资产，包括土地、建筑物、机器设备、存货、应收账款、现金、有价证券等；另一种是无形资产，包括商业信誉、技术、配方、专利权、商标等。对有形资产的评估可参考市场市价，比较容易做出客观评价；对无形资产评估的难度和出入则较大，可根据其品牌知名度、消费者对该品牌的偏爱程度、市场地位、技术的独占性等因素来决定其价值。

第四，经营风险评估。被购并企业是否先天就具有许多不可克服的风险，对购并方来说至关重要。在美国，大部分中小企业的失败都发生在创立后 5 年之内。企业存在的时间越长，失败的风险就越低。在这里，企业经营不善的主要原因是管理者的能力不够。因此，**在购并之前，企业还需要对被兼并企业的管理者进行全面的考察。**

4. 企业购并有可能失败的原因

在企业购并的实践中，许多企业并没有达到预期的目标，甚至遭到了失败。一些学者对此做了大量的分析研究，发现企业购并有可能失败的主要原因有以下四个方面：

第一，难以整合各自的企业文化。购并企业与被购并企业如果在企业文化上存在很大的差异，企业购并以后，被购并企业的员工不喜欢购并企业的管理作风，购并后的企业很难管理，会严重影响企业的效益。

第二，过于高估购并的潜在经济效益。有些企业在购并时，往往会高估购并后所带来的潜在的经济效益，或者高估自己对被购并企业的管理能力，结果遭到失败。

第三，支付过高的购并费用。购并上市公司时，企业往往会付出较高的代价。当企业想以收购股票的方式购并企业时，对方往往会抬高股票价格。特别是在竞标时，企业往往要支付高于标的的价格才能成功购并。代价高的购并会增加企业的财务负担，使企业从购并一开始就面临效益的挑战。

第四，决策不当的购并。企业在购并前，没有认真地分析标的企业的潜在成本和效益，过于草率地购并，结果无法对被购并的企业进行合理的管理。

凡此种种，企业在购并时应引起注意，避免由于准备不足或过于自信，而造成购并失败。

（三）内部创新战略

1. 内部创新战略的应用条件

企业选择内部创新战略进入新的经营领域，需要具备以下的条件：

- 行业处于不平衡状态，竞争结构还没有完全建立，如新生的行业。
- 行业中原有企业采取的报复性措施的成本超过了由此所获的收益，使得这些企业不急于采取报复性措施，或者效果不佳。
- 企业由于现有技术、生产设备同新经营项目有一定的联系，导致进入该领域的成本较低。
- 企业进入该经营领域后，有独特的能力影响其行业结构，使之为自己服务。
- 企业进入该领域，有利于发展企业现有的经营内容，如提高企业形象、改进分销渠道等。

2. 内部创新战略的特性

企业采用内部创新战略时，需要注意它的以下两个特性：

第一是时间性。根据实证研究，采用内部创业战略而组成的新的经营单位一般要经过 8 年的时间才有获利能力；经过 10 年到 12 年的时间，该单位的效益可达到成熟业务的水平；12 年以后，该单位将会获得最高的效益和很高的市场占有率。**因此，企业在进行内部创业战略时，前几年的战略目标应放在建立市场占有率上，而不要只看重短期的获利能力。**

第二是进入规模。进入规模的大小，对企业采用内部创新战略有着很重要的影响。从长期来看，新的经营单位以较大的规模进入，要比从较小的规模进入容易较早地获益。企业大规模进入新的经营领域时，需要大量的资金，以便承受前 8 年中的利润负增长。如果规模过小，该经营单位的风险就更大。

3. 内部创新战略的成功与失败

第一是内部创新战略的失败。内部创新失败率较高，主要来自以下三个方面：

一是企业进入规模过小。许多企业认为，大规模进入一旦失败，损失便较大，于是愿意采用小规模进入的战略，但结果会造成大错。因为在这种情况下，企业无法建立起长期立足的市场占有率。上面讲过，从短期来看，规模小损失也少，规模大则成本高且损失大；但从长期来看，规模大的收益更高。

二是商品化程度过低。采取内部创业的企业多为高技术企业，其研究开发多集中于高技术领域。如何将高技术的研究成果进一步商品化，满足市场的需求，是成功地运用内部化战略的关键。**许多企业的失败在于过分追求科技成果领先，忽略市场的实际需求**。这一点在微型计算机行业中表现得格外突出。

三是战略实施不当。在战略执行的过程中，企业要考虑组织管理的问题，要将科研项目的研究与内部创业战略的关系处理好。企业如果同时支持多项不同的内部创业战略，则会导致财力分散，不能保证最佳的创新成果获得市场的成功。

第二是企业内部创新战略的成功。企业要成功地运用内部创业战略，主要抓好职能层次的研究开发与高层次的战略认识。具体地讲，企业要做好以下几项工作：

一是确立战略目标，从总体上把握运用内部创业战略的时机、规模、资源和周期；

二是有效地运用企业的研究开发能力，使企业的研究开发与总体的战略目标保持一致；

三是加强研究开发与市场营销的联系，确保企业的研究开发是为市场需求而进行的，而不是为研究而研究；

四是改善研究开发与生产制造的联系，提高企业生产新产品的能力；

五是严格筛选与监控内部创新活动，保证实现预期的创新产品的市场份额目标。

（四）企业合资战略

企业间合资可以定义为各自拥有资产的多个独立法律实体间的合作。

合作的范围可以限制在一个领域，也可以涉及从研究开发到生产的更加广泛的领域。例如，Himont 是一个股份比例为 40∶40∶20 的合资企业，其中美国的 Hercules 公司持股 40%，意大利的 Montedison 公司持有同样的股份，余下 20% 股份由公众持有。这个企业合资就涉及了各种不同的职能活动。1983 年这个合资企业建立的时候，合作各方将他们的全部聚丙烯业务，即 9 亿美元的资产放给合资企业，在聚丙烯的生产、营销、分销和服务等方面展开合作，以此开拓全球市场。

与 Himont 合资企业相反，其他一些合资企业的合作业务被严格限制于某些职能或产品。例如，松下和西屋电气合资的 SGC（一个 50%∶50% 的合资企业）的目标，仅限于联合生产和供应两个合伙人所需要的电路断路器的精密零配件，组装、测试和销售最终产品方面则由两个合伙人各司其职。因此，在决定采用这种战略时，要进行充分的自我分析，根据自身特点，做出相应决策。

二、企业扩张战略

企业扩张战略设计视企业所处外部环境和所拥有的内部资源条件的差异，可有不同的选择，其基本类型如表 3－1 所示。

表 3－1　企业扩张战略的基本类型

密集型发展战略	一体化发展战略	多样化发展战略
（1）市场渗透	（1）后向一体化	（1）圆心多样化
（2）产品发展	（2）前向一体化	（2）水平多样化
（3）市场发展	（3）水平一体化	（3）混合多样化

（一）密集型发展战略

密集型发展战略，是指企业现有产品与市场尚有发展潜力，于是充分挖掘自身潜力，实现自我发展的战略，其具体形式有以下三种：

1. 市场渗透

市场渗透是指企业利用自己在原有市场上的优势，积极扩大经营规模和生产能力，不断提高市场占有率和销售增长率，促使企业不断发展。采用这种策略，一般来说，因为市场竞争比较激烈。企业应在产品质量、价格、包装、服务、厂牌商标和企业声誉等方面下功夫，不仅要巩固原有市场的老用户，刺激老用户多买产品，而且还要积极设法刺激各地潜在顾客，利用原有市场创造新的用户；同时还要努力争取将顾客从竞争者手中夺过来，以此来增强企业在市场竞争中的优势，促进企业发展。如百事可乐公司和可口可乐公司在全世界范围内激烈争夺对方的顾客，使其转而消费自己的产品，这种争夺在美国本土的竞争更为激烈，市场份额此消彼长，曾一度使可口可乐丧失对自己原有产品的信心而改变可口可乐的配方，结果导致更多的原有顾客“逃离”了自己的产品，当可口可乐恢复原有配方，并在其他营销手段上加强力量时，其市场销售才又逐步回升。

2. 产品发展

产品发展是指现有企业依靠自己的力量，努力改进老产品、开发新产品、发展新品种、提高产品质量，从而使现有企业不断成长和发展。这种策略一般适用于技术力量较强和技术基础较好的企业。**企业采用这种策略，就要积极创造条件不断进行技术开发和产品开发工作，以求保持自己的产品在技术上的先进性和在功能、质量、价格等方面的优势**。日本的彩色电视机制造商们似乎从不满足既有的辉煌成就，而总是锐意进取，推陈出新，彩电屏幕由小变大，图像质量越来越高，还不断增加新的功能，如立体声环绕音响系统、多频道遥控系统、卡拉 OK 伴唱系统，还有将录像机与电视台合二为一的产品，乃至夏普公司最新推出宽屏幕彩电等。于是，其他国家的电视机制造商似乎只能永远地跟在日本厂家后面来分一杯羹。

3. 市场发展

市场发展又称市场开发，它是指企业在原有市场的基础上，去寻找和开拓新的市场，进一步扩大产品销售，从而促进企业继续成长和发展。这种策略，适用于企业产品在原有市场的需求量已趋于饱和时，有利于开拓新的市场，打开新的销路，使企业进一步得到发展。但是，**企业要开拓某一个新市场，事先必须掌握它的特点和要求，选择合适的销售渠道，采用正确的营销手段和方法，否则，就会遭受很大的风险和损失。**可口可乐、麦当劳汉堡包、肯德基炸鸡这种“小”产品之所以能成为享誉世界的产品，这些公司也能成为世界性的大企业，其重要的战略思想就是在全球范围内不断开拓市场。再如美国强生兄弟公司生产的婴儿洗发香波，原来专门为婴儿洗发所设计，面向婴儿市场，不料产品推出市场后，颇受成年女性青睐，于是强生公司就大力向成年女性市场推广，销售量大增。

（二）一体化发展战略

一体化发展战略是指企业充分利用自己在产品、技术、市场上的优势，根据物资流动的方向，使企业不断地向深度和广度发展的一种战略。物资从反方向移动称为后向一体化，物资从顺方向移动称为前向一体化，对于性质相同的企业或产品组成联合体则称为水平一体化。这种战略选择是我国目前组织企业集团的主要途径，它有利于深化专业分工协作，提高资源的深度利用和综合利用效率，其具体形式有以下几种：

1. 后向一体化发展

后向一体化发展是指企业产品在市场上拥有明显优势，可以继续扩大生产、打开销售，但是由于协作配套企业的材料、外购件供应跟不上或成本过高，会影响企业的进一步发展。在这种情况下，企业可以依靠自己的力量，扩大经营规模，由自己来生产材料或配套零部件，也可以把原来协作配套企业联合起来，组织联合体，统一规划和发展。如电视机厂兼并显像管厂、食品加工厂投资兴办养殖场等，皆属此种策略。今天在中国，随着外贸体制改革，许多专业的进出口公司开始提出“工贸结合”的战略思想，或与长期供货企业订立合作协议，或自己建立生产基地。由此，一些原来的专业进出口公司或拥有外贸权的商贸企业出现了一种向综合商社转化的趋势。

2. 前向一体化发展

从物资的移动方向看，前向一体化发展就是与后向一体化相反的方向发展。一般是指生产原材料或半成品的企业，根据市场需要和生产技术可能条件，充分利用自己在原材料、半成品方面的优势和潜力，决定由企业自己制造成品，或者与成品厂合并起来，组建经济联合体，促进企业不断成长和发展。如纺织厂兴办服装厂、木材加工企业投资家具制造业等均属此例。德国奔驰汽车公司就是在两位创始人发明和制造发动机的基础上发展起来的。

3. 水平一体化发展

水平一体化发展是指把性质相同、生产或提供同类产品的企业联合起来，促成联合体，促进企业实现更高程度的规模经济和迅速发展的一种策略。这种策略已成为我国组建企业集团的最主要的途径。如在钢铁、煤炭、汽车、自行车、家用电器、纺织、电线电缆等行业，全国性、跨地区及地方性企业集团均有实例。在这一过程中，以这些行业内领导企业为核心，实现跨地区、跨部门的联合，对于深化和扩大专业化分工协作、发挥资源组合的协同作用、实现规模经济自然大有裨益，但是搞“硬性搭配”，或缺乏深入全面的可行性研究论证而盲目组建企业集团，就有可能割裂企业发展过程中的内在经济联系，反而造成矛盾与混乱，损害各企业利益。同时在一体化发展过程中，对于垄断可能带来的危害也不能不有所警惕。值得一提的是，当前在我国一些大城市出现的连锁企业形式就是这种水平一体化发展的结果。

（三）多样化发展战略

社会经济的不断发展，引起市场需求和企业生产经营结构的变化。企业为了更多地占领老市场和开拓新市场，或避免经营单一事业的风险，往往会选择进入新的事业领域，而这一领域可能与其原来经营事业联系不大。这一战略就是多样化发展战略。**多样化发展战略已成为当今世界上大企业，特别是跨国公司普遍采用的战略**。其具体形式有以下三种：

1. 同心圆多样化发展

同心圆多样化发展是指企业充分利用自己在技术上的优势及生产潜力，以生产某一项主要产品为圆心，积极生产工艺技术相近的不同产品，使企业的产品种类不断地向外扩展，朝着多品种方向发展。例如家用电器工厂以生产某一种家用电器，如以电冰箱为圆心，同时又积极地去发展工艺相近的其他各种家用电器产品，如空调、微波炉等。再如一个拖拉机制造企业可能利用其技术优势而去发展小型货车、农用排灌机械等。采用这种策略，有利于企业根据市场变化的情况，不断提高适应能力和竞争能力，以保证企业稳定成长和健康发展。

2. 水平型多样化发展

水平型多样化发展是指企业充分利用自己在市场上的优势及社会上较高的声誉，根据用户的需要去生产不同技术的产品。这种发展策略在国外是相当普遍的，例如美国 FMC 公司，主要是生产农用机械产品，在农村市场有很高的声誉。他们发现农民迫切需要农用化工产品，企业则利用他们在农民中的声誉和地位，积极地去生产和发展农用化工产品，使企业不断地得到成长和发展。

3. 混合型多样化发展

混合型多样化发展是指企业为了减少未来可能出现的风险，积极发展与原有的产品、技术、市场都没有直接联系的事业，生产和销售不同行业的产品。在国外，一个企业同时经营彼此无关的几项甚至十几项事业的现象非常普遍，如美国 AT&T 公司早已不再是一个纯粹的通讯业的佼佼者，其业务遍及金融、饭店、房地产等众多领域。

如上所述，当企业决定实施扩张战略时，会面临许多形式的选择，有时它还可同时选择多种扩张形式，但无论它选择何种发展途径，它都要经过周密的调查分析和全面的科学论证，避免盲目投资，实现长期发展的战略构想。

三、企业撤退战略

撤退是指企业出让某个经营单位、子公司、事业部或者某个产品系列的行为。**企业的撤退战略与整合战略是相辅相成的**。常常是整合进有发展前途的经营单位或经营业务，而从前景不佳的经营单位或经营业务中撤退出来，由别的企业整合或购并。

（一）撤退战略的选择形式

撤退战略主要有以下三种形式可以选择：

1. 收割战略

这是指企业尽可能地从企业经营单位中收回现金的战略。实施收割战略的企业一般都严格削减甚至终止投资，减少设备的维修，减少或停止研究开发和广告宣传活动，减少产品的品种规格，缩减使用的分销渠道，实行整体的收缩政策，以便在被清算前增加经营单位的短期现金流量。

2. 清算战略，亦称为清理战略

这是指企业由于无力清偿债务而停止营业进行清理。清理分自动清理和强制清理。前者一般由股东决定，后者须由法庭判定。清算是所有战略抉择中最痛苦的一种。对于单一经营的企业来说，清算意味着结束了组织的生存；对于多种经营的企业，清算意味着关闭一定数量的经营单位并解雇一批员工。在继续经营毫无希望的情况下，早期的清算比被迫破产对股东的利益更有利。否则，企业在该领域中继续经营下去，只能耗尽自己的资源。

3. 放弃战略

这是指企业在衰退初期就出让经营不善的经营单位或业务，最大限度地收回投资。在实施放弃战略时，企业要把握时机。如果过早，企业便面临对行业是否衰退、需求是否下降判断失误的巨大风险；一旦决策失误，企业便要蒙受巨大损失。如果过晚，行业内外的收买者就会拥有较强大的谈判能力，企业同样会处于不利的地位。

以上三种形式一般是单独采用的。在特殊情况下，企业可据自身具体情况合并使用。

（二）撤退战略的步骤

企业在运用撤退战略，考虑要撤退的经营单位时，可以根据投资组合矩阵模式来判断。但是，在大多数情况下，这个模式又很难清楚地表明哪个经营单位或业务应该立即撤出。企业在考虑从某个经营领域中撤出时，通常应该先考虑该经营单位或业务是否还可以保留，或是否只削减经营的规模。**即使企业下决心实行撤退时，管理人员也还要考虑撤退的时机和回收的资金。**

在撤退的过程中，企业一般要经历以下三个步骤：

1．决策

企业决定是否从一项经营领域中撤出是有一定的标准和界限的。如果企业内部或外部人员都认为某些撤退方案或条件还不成熟，则不能贸然实行撤退，否则就会引起经营的混乱。一旦企业总部认为撤退战略可行，战略经营单位还需考虑撤退与不撤退的比较成本和机会成本，挖掘撤退后的企业潜力。如果实施撤退战略确实对企业有利，则应坚决实施。

2．计划

企业在实施撤退战略时，要从市场角度考虑如何撤退才对企业有利。这就需要有一定的计划工作。

3．出让

企业做好撤退计划以后，便要开始选择出让经营单位或业务的对象。在选择对象时，要考虑他们的不同需求，如对熟练技术人员的需求，固定资产与设备的需求等。然后，企业要对症下药，尽快地将计划撤退的业务出让，以免时间拖延造成意外损失。

（三）撤退战略的障碍分析

企业做出撤退决策后，有时可能会发现实施撤退战略并不容易，甚至找不到出让经营领域的市场。其主要的原因是行业中存在退出障碍。有时这种障碍恰恰是企业当年为竞争对手设计的进入障碍。一般而言，退出障碍包含以下几个方面：

1．经济障碍

由于某些经济因素，企业准备撤离的经营业务即使在利润和效益低于正常水平的情况下，也不得不在原行业中经营。为此，企业可以用一个简单的公式，来判断在该行业中继续运行是否值得。企业用未来经营的期望值除以清理经营的期望值，如果得数大于1，则说明企业的该经营单位还可以经营下去。

2. 战略障碍

企业中准备撤离的经营业务如果与其他业务存在密切的协同作用，企业则很难采取撤退战略。这种战略性障碍主要存在于对消费者的服务上，或有可能损害企业和其他产品的质量形象。**特别是企业准备撤退的产品会使企业失掉大量的消费者或行业领域，从而影响企业在其他市场上的竞争能力。**

3. 期望障碍

如果企业认为需求还会回升，或在某个特定的细分市场上企业的产品还有一定的销路，企业就不愿撤离这个经营领域，从而形成了一种期望的障碍。

这些退出障碍是可以克服的。企业首先应该充分地认识到任何经营单位和业务的吸引力以及其利润都会有衰退的时候；其次，在做出撤退决策时，应该认识到可能会存在的退出障碍，事先对这些障碍做好物质和心理的准备。企业在正式实施撤退战略时，一旦退出障碍出现，便可根据预先拟好的方案及时排除它们。

四、企业总体战略选择模型

（一）SWOT 分析模型

SWOT 分析模型的基本目的是根据企业各项业务经营面临的强势、弱势、机会和威胁这四个要素来选择总体战略。**其理论基础是有效的战略能够最大限度地利用企业业务优势和环境机会，同时使企业业务弱势和环境威胁的作用降至最低。**

1. 分析的基本要素

利用 SWOT 模型进行战略分析所需要的基本分析要素包括以下四个：

第一，机会。机会是企业业务环境中重大的有利形势，使企业有进一步发展，或是改变目前业务结构，或是有扭转目前经营状况的余地。诸如环境发展的趋势、竞争局面或政府控制的变化、技术变化、供需关系的改善等因素都可以被视为机会。企业所处的环境中随时都存在着机会，但对不同的人和企业来说，上述环境因素的作用是不同的。例如，政府出于对环境保护以及居民对健康的重视，为生产环保产品的企业或污染替代品的企业提供了机会；战争为武器生产商提供了机会；东道国政府的对外开放政策为外国资本提供了机会；居民消费水平的提高为高档消费品生产商提供了机会；较高的社会教育水平为高技术企业提供了机会等。

第二，威胁。威胁是环境中的重大不利因素，会构成企业业务发展的约束和障碍，甚至迫使企业转变业务结构或是停止经营。例如，新竞争对手的进入、市场发展速度放缓、产业中买方或供应方地位加强、关键技术的改变、政府法规变化等因素都可以成为对企业未来成功的威胁。同样，环境中永远存在着对企业生存和发展具有威胁作用的因素，只是它们对不同企业的作用大小不同而已。

对某一个企业是机会的因素，可能会成为对另一个企业的威胁。例如，中国政府对国有企业投资的战略性改组和对竞争性投资领域的退出是非国有企业发展的有利机会，但对国有企业来说却是一种威胁。同样，一个要素既可以是某个企业的潜在机会，也可以对其形成威胁。例如，中国居民，特别是大城市年轻一代消费意识的改变，产生了对高附加值消费品的大量需求，这对于那些生产高档消费品的企业来说是一个机会，但同时却要求这些企业从根本上改变其经营意识和管理方式，这一要求无疑是对这些企业传统工作的威胁。**理解企业面临的机会和威胁将有助于企业主管选择合适的战略。**

第三，强势。强势是企业相对于竞争对手而言具有的资源、技术或其他优势，反映了企业能在市场上具有竞争力的特殊实力。雄厚的财力和广泛的财源、企业的市场和社会形象、企业在市场上的领导地位、与买方或供应方的长期稳定关系、产品的高质量和低成本、独特的分销渠道、良好的雇员关系等都可以形成企业强势。正因为强势是相对于对手而言的一个概念，所以一旦对手在经营某些方面的创新成功地形成其强势，本企业原有的强势就会因此消失，甚至成为弱势。如果企业不能及时认识到自己与对手关系的变化，仍坚持过去的“强势”不变，则会加速企业弱势的强化。

第四，弱势。弱势是严重影响企业经营效率的资源、技术能力限制。企业的设施、财源、管理能力、营销技术等都可以成为造成企业弱势的原因。造成**弱势的最常见的原因是企业不能认识环境的变化并随着环境的变化进行自我变革。**

SWOT 分析法将企业面临的外部机会和威胁，与企业内部具有的强势和弱势进行对比，得出四种组合方式，分别可由图 3－1 中的四个区域表示。

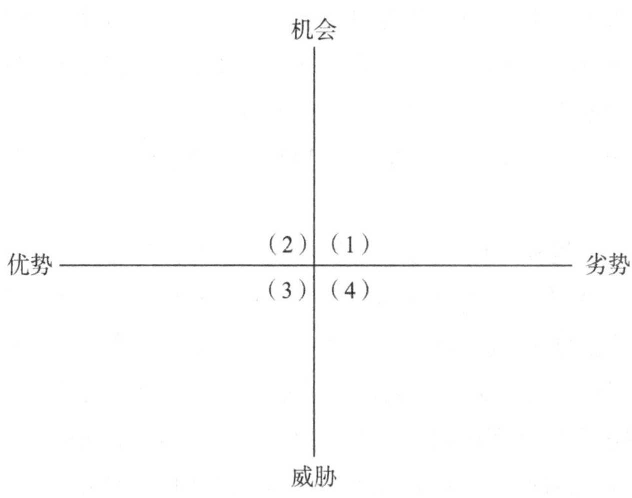

图 3－1　SWOT 分析模型

2. 模型分析

模型中的区域（2）是机会和优势最理想的结合。这时的企业业务面临许多机会，并有较多方面的内部优势，使企业足以利用外部机会。在这种情况下，企业倾向于采取发展性战略（集中战略），充分利用环境机会和内部能力优势。

区域（3）中的业务以其主要强势面对不利环境。企业对这种情况可持两种态度：一种是利用现有强势在其他产品或市场上建立长期机会，这是具有其他发展机会的企业经常采取的态度。需要注意的是，只有在企业可以将其优势利用于新业务的条件下才宜于采取这种态度。改变服务对象、进入新的产品细分市场、改变经营地区等都是可以采取的有效方式。中国一些企业采取的“人无我有，人有我优，人优我廉，人廉我走”的战略同样反映了这种态度。另一种态度是以企业的优势正面克服环境设立的障碍。一体化战略和多样化战略就是实现克服环境威胁目的经常采取的战略。不过，企业只有在优势十分突出，企业实力较强，特别是财力很强时才适于采取与环境直接正面斗争的态度。因为如果失败，企业将受到更大的伤害。

区域（1）内的业务具有较大的市场机会，同时内部弱势亦较明显，其性质类似处于发展—份额矩阵中的问号业务。这些业务的战略重点应放在减少内部弱势上，同时需要有效地利用市场机会。美国苹果计算机公司就是通过将其开发的 Lisa 技术应用于好几种产品，从而利用了微机业发展机会和企业技术优势，同时避免了与 IBM 公司直接竞争中表现出来的内部某些弱势。

区域（4）是最不理想的内外部因素的结合。处于该区域中的企业在其相对弱势处恰恰面临大量的环境威胁。在这种情况下，企业可以采取减少产品或市场的紧缩性战略，要么改变产品，要么改变市场的战略。

SWOT 分析法通过对企业内部各项业务所面临的外部环境及内部能力的分析，提出了选择相应的战略方案的思路与合理的战略框架。但是，由于环境的机会和威胁以及内部能力上的强势和弱势的表现是多种多样的，而且强势和弱势与机会和威胁的结合方式也是多种多样的，所以，SWOT 分析只能提供大概的总体战略类型。在每一战略类型中具体采用哪些战略则要作进一步的分析。

（二）企业战略选择矩阵

企业战略选择矩阵的基本思路是要么克服企业在内部能力上的弱势，要么增加强势，使企业的内、外发展协调。因此，**“克服弱势”**或是**“增**

加强势”成为进行企业总体战略选择时要考虑的因素之一。不管是“克服弱势”还是“增加强势”都需要使用资源，资源的来源便成为影响战略选择的另一个因素。

1. 矩阵制作

企业战略选择矩阵要求企业在进行战略选择时主要考虑“企业战略的基本目标”和“企业获得发展的资源来源”这两个变量。

第一，基本战略目标。企业的基本战略目标有两个：一个是克服企业内部的能力弱势，另一个是增强企业内部能力的强势。企业进行目标选择的根本依据是企业的经营宗旨和形成能力的资源的可获性，因为不管是增强强势还是克服弱势都是围绕企业经营宗旨展开的，因此，**资源的可获性就成为影响目标选择的关键因素**。需要注意的是，实现该模型两个目标的指导思想都是“扬长避短”，而不是在“扬长避短”和“取长补短”之间选择，或是在两者之间取得某种平衡。这是因为，企业的成功竞争是建立在强势基础上的，对于缺乏强势的某些内部活动部分，如果企业能够获得在“补短”的同时又不“削长”，或是具有“长势”的业务确实拥有多余的资源或能力，而且这些资源及能力又确实可以被转移用于“短势”的业务活动，则是可以通过内部资源的转移而进行强化的。反之，则应该考虑对弱势活动部分的外部化，即将这部分活动从企业活动组合中去除，而将满足企业对这部分活动的需要途径由自己提供改为外部买入。如果为了“补短”而进行的能力和资源的转移使得企业的“强势”被削弱，或是“强势”因资源的转移而不能按竞争的需要进一步发展，造成相对于对手而言的“强势”弱化，那么企业的整体竞争力反而会被削弱。

第二，发展资源来源。企业获得发展资源的来源也有两个：一个是通过兼并和联合等途径，利用外部资源获得发展；另一个是经过内部资源的重新分配，依靠自己的力量获得发展。这两个途径在效率上的表现是不同的。利用外部资源实现发展，可以形成竞争的时间优势，使企业把握机会。但利用外部资源也会引起管理上、结构上、文化上的诸多矛盾和成本。所以，**对发展资源来源的选择不但要考虑资源及任务本身，还要考虑其他可能在资源结合过程中造成矛盾的因素，以及企业相应的承受能力并增加应付能力**。

根据战略目标和资源来源的不同组合，公司战略选择矩阵为处于不同组合区域的业务提供了以下几种推荐战略方案（见图3－2）。

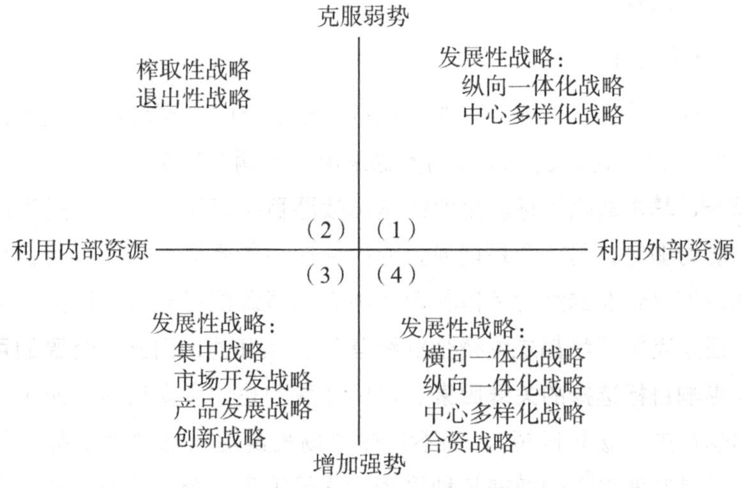

图3－2　公司战略选择矩阵

2．矩阵分析

第一，克服弱势。矩阵中区域（1）和区域（2）推荐的方案都是为了克服企业内部的弱势。区域（1）内的企业以往将全部投资均集中于某一项业务，因而面临较大的风险或较少的发展机会，对它们来说利用外部资源克服企业经营上的弱势是较为合适的战略选择。这时，首先应选择的是纵向一体化战略，采用这一战略可以降低企业在投入物供应或接近用户方面的不确定性，从而降低风险。另外，它们还可以选择中心多样化战略，既扩大了有利的投资领域又不远离原来业务。但一般来讲，采用外部方式克服企业弱势的战略成本较高，而且开展第二种业务需要大量的资金和时间投入。**特别是在做出中心多样化战略选择时，一定要防止在克服某一弱势的同时，又形成另一个弱势。**

区域（2）克服弱势的战略是最保守的。处于该区域中的企业往往将内部已有的资源从某项业务活动转移至另一项业务活动。虽然这一做法没有改变企业的基本经营宗旨及企业拥有的资源总量，但却能起到鼓励经营成功的业务，增强已有竞争优势的作用。区域（2）中最不具有破坏性的战略是榨取性战略，它是指削减或停止某项业务活动。但是，当企业的业务弱势已成为在该产业获得成功的阻力时，或当克服弱点的成本过高使企业无力承担时，或经过成本—效益分析发现克服弱点不经济时，就非取消该项业务不可了。退出是一种重新安排资源的有效方式，就连清算也是在阻止资源不可避免地流失，或在企业破产时一种不错的选择。

第二，增加强势。为区域（3）（4）推荐的战略都是为了充分提升企业的业务强势。企业经营成功必须建立在其强势基础上，但这一理论的前提是企业必须具有足以实现经济规模的市场份额的能力。如果企业相信增加市场份额能使企业增强获利能力，并决心从内部增强企业优势，那它就可以从区域（3）中标出的集中战略、市场开发战略、产品发展战略和创新战略中进行选择，其中最常被企业采用的是集中在一项业务上进行市场渗透。这里企业战略的目的是支持现有的产品和市场，并用追加资源的方式增强企业强势和市场竞争地位。

采用市场开发或产品发展战略的企业将致力于扩展经营，当企业主管认为现有用户能够对与企业现有产品相关的产品感兴趣的话，就会选择产品发展战略，有时为了利用企业特有的技术或其他竞争优势，也会选择产品发展战略。当企业主管认为现有产品可以为新用户接受时，就会选择市场开发战略。而如果企业的长处表现在新产品设计或独特技术开发方面时，加速现有产品的淘汰便有利于促进本企业销售量的增长，这时，企业无疑会选择创新战略。

企业在大幅度扩大经营规模使业务强势达到最大时，一般需要选择强调外部因素的公司战略，这里的可选择方案将落在区域（4）中。横向一体化战略能迅速扩大企业产能，因而是一种诱人的选择方案。纵向一体化战略也能发挥出外部因素的作用。同样，多样化战略能使企业业务顺利协调地发展。最后一种强调依靠企业外部资源能力的战略方案是合资战略。合资使企业能够将其强势扩展到新的领域，合资伙伴的生产、技术、财力或营销能力可以极大地降低本企业所需投入的资本量。

当然，**没有哪一个企业会始终坚持某一种战略，当其外部条件变化或内部强、弱势发生变化时，就需要适时地进行战略调整。**

五、影响战略选择的因素分析

在一般情况下，经过对各战略方案的全面评价，或是参考以上的战略选择模型后，企业会发觉有若干项战略方案都能满足“符合外部环境、企业内部能力、企业经营宗旨”的要求，因而都是可以选择的，这时就需要考虑另外一些影响因素。根据长期理论研究和实践经验积累，诸如目前战略的作用、企业对外依赖程度、企业对风险的态度、企业内部权势力量、战略的时间性以及竞争对手的反应等因素都会对战略选择产生影响。由于这些因素更多地受战略选择人员的个人直觉、经验、关系、有关背景以及感情的影响，所以又被称为非理性因素。本节就这些非理性因素展开深入的分析。

（一）目前战略的影响

目前战略的影响可以从企业文化的影响角度进行理解。企业文化和企业战略管理有不可分割的关系。从战略管理对企业文化的影响看，企业战略管理的历史越长，战略的思维特征就越成型、越稳定，并成为构成和强化企业文化的关键因素之一。另外，企业的规模越大，组织分工越精细、越正式，企业文化的刚性也就越强，结构和文化对战略的影响也就越大。因此，战略管理过程实际上可以被视为企业观念形态的形成和维持过程。企业文化对维持企业战略持续性的作用要强于对促成战略变革的作用。这个推论的逻辑基础在于对文化的定义。文化是指一个集体中由成员们共同接受和分享的信念，表现为成员共同的行为方式，反映了一定范围内的传统和习俗。由于企业文化的形成比较困难，需要经过较长的时期，而文化特征的体现和保持也需要强调传统和连续性。所以，**文化本身在一定程度上排斥和阻碍战略上的革命。**

从企业文化对战略管理的影响看，战略制定过程是建立在由组织成员共同拥有的信仰和价值观之上的集体行为过程，因此，战略采取观念的形式，以组织成员的意愿为基础，表现为有意识的行为方式。由于存在共同的信仰，组织内的协调和控制基本上是规范化的。文化鼓励维持现有的战略，反对进行战略变革。在企业文化力量较强的情况下，即使是迫不得已进行了战略的变革，这一变革也一定不会超出或违背企业长期形成的总体战略观点和框架。

目前的战略或多或少地体现了已经形成的企业文化的特征，而且对目前战略的实施更进一步强化了企业已经形成的文化。在思想意识强、规模较大、业务结构较复杂的企业和在组织结构上采取直线职能制的企业中，稳定的文化对活动程序起到了强化的作用，因而也更能起到维持目前战略的作用。**文化对战略的影响还特别明显地表现在鼓励战略观点的形成、强化或阻碍战略变革上。**

企业曾经执行过的战略或是正在执行的战略，特别是那些取得成功的战略，会对管理人员选择未来战略产生相当大的影响。由于企业经营具有连续性，因而，企业未来战略确实在一定程度上对目前战略具有继承性。企业管理人员在目前战略的设计和实施上投入了大量的时间和精力，他们更能接受与目前战略较接近，或较大程度上反映了目前战略主要思想和内容的新战略。这种对目前战略的依赖性甚至会渗透整个组织，一旦遇到某一类环境因素的变化，就自然而然地回顾以往行之有效的战略，并将其应用于解决新的环境问题的思维定格。某项战略执行的时期越长、效果越好，对以后战略选择的影响就越大，也越难用其他战略进行替换。有时，由于条件变化使某项战略已明显地不再适用，企业管理人员，特别是与该项战略密切相关的管理人员仍会希望尽力采取弥补措施，而不愿改换新战略。在这种情况下，企业就不得不撤换某些高级管理人员，削弱不再合适的目前战略对未来战略选择的影响。

（二）内、外权势力量的影响

企业内外权势力量是指受企业活动影响，同时也对企业施加影响的组织。这些“集团”各自拥有的企业正常活动所必需的资源，形成了对企业战略选择的约束。权势可以表现为与特定环境成分的关系或对特定关键环境成分的影响力，也可以表现为对某些特定资源的控制能力和对企业特定专长的支配能力。**由于企业战略选择和实施结果将取决于外部环境和内部**

能力的有效结合，所以，在许多时候，企业的战略决策不得不由权势决定。权势集团可以是为企业提供财力的组织和个人乃至群体，也可以是管理企业的人员群体，或是为企业工作的人员群体以及企业的社会环境。由于不同权势“集团”与企业的关系不同，对企业的期望不同，他们对战略选择的出发点和考虑因素也不同。企业在战略选择时必须考虑这些不同的甚至是矛盾的期望，并力求取得妥协。对企业战略选择影响较大的权势集团主要有以下几种：

1. 企业股东

股东是企业资产的最终所有人，他们理应关心企业的生存和长期发展。但是，不同股东对企业进行投资的目的有很大差别，许多个人股东进行股票投资的目的往往不是要与企业形成长期的利益关系，或是要对企业的活动形成控制权；而是为了获得稳定和可观的股息，或是取得股票市场价格变化的差额，或是两者兼得。个人股东对企业的期望和要求更侧重于企业的短期获利能力。当企业采取发展战略，因而需要暂时少分或不分股息，并需要承担较大的发展风险时，这些股东就会离开公司。企业法人股东投资企业的目的或是为了获取较高的投资报酬率，或是为了取得平衡的投资组合降低资产风险，或是为了取得对企业的控制权，从而进入其他的行业。为了实现这些目的，他们更重视企业的长期发展能力。为了实现长期发展目的，他们可以容忍，甚至要求企业放弃一些短期利益。从这一点上看，企业，特别是大型企业，需要有一些能与企业长期共存，具有共同战略目标的非个人股东。

2. 企业管理人员

企业管理人员，特别是高层管理人员对企业的期望集中在两个方面：第一个是要通过企业的发展和壮大，使个人的自我能力得以显示，并得到更多的权力和接受更大的挑战；第二个是获得较大的个人利益，包括较高的报酬、特殊的待遇、稳定的职业保障等。其中，管理人员所处管理层次越高，他们在第一方面的期望越大。这些期望促使他们更重视企业的销售、资产、利润增长等能反映企业总体经营状况、长期发展和企业地位提高的因素。总的说来，经理市场竞争程度越高，企业管理人员的个人目标与企业的目标就越容易一致。那些持有较多的企业股份的管理者也更能从企业的长期发展上获利，因此也就更关心企业战略目标的实现和企业长期的能力优势。这就是为什么国内外许多企业试行管理人员持股、建立利益分享制度的原因。**为了鼓励管理人员承担更大的风险，有些企业还采取了给予管理人员股票期权的方法**。

需要注意的是，由于企业经理人员更直接地参与了战略的制定和选择，他们掌握的对战略选择有决定性影响的信息较多，也较全面，一旦他们的个人目标与企业目标不一致时，他们会利用在信息拥有上的优势和对企业目标的解释权而使企业目标向个人目标接近，使企业的活动成为实现个人目标的途径。这就是企业在制定各类激励制度的同时，需要形成对经理人员的有效约束机制的原因。管理人员中对战略选择最有权势作用的成分要数企业主管，当企业主管特别中意某项战略方案时，他对该项战略最终选中的作用远远大于我们前面讨论过的理性分析模型的结论。

3. 企业职工

企业职工做出加入企业的决策是因为他们期望获得工资、就业、工作条件、个人发展与晋升机会相联系的各种机会。经营效益好、有发展前途的企业无疑比其他企业更能满足职工的上述需要。因此，**只要能保证基本待遇，或是能让职工看到肯定的未来改善的可能性，职工一般是能放弃增加短期利益的要求，支持企业的长期发展的**。特别是当企业职工同时又是企业的股东时，他们与企业同舟共济的意识也就越强烈。

在许多企业中，还存在一些非正式组织或个人，他们由于种种原因而共同支持某些战略，反对另一些战略。这种联盟，特别是其中一些影响较大的联盟也能左右企业战略的选择。

4. 企业用户

企业用户对企业的期望是企业产品和服务的目前质量、价格和交货状况，期望企业的产品和服务能满足自己的需要，能帮助解决一些自己解决不了的问题。由于大部分企业的产品在市场上都不具有独占性，因此，用户能够较方便地向新的供应商转移。对一般消费品用户来说，企业的未来发展尚不是必须考虑的方面，企业也不能指望他们为企业的长期发展而承受暂时的价格上升或是质量的不尽如人意。但是，当企业用户的活动对企业产品的依赖性较强时，当企业和用户之间建立了长期稳定的供应关系时，或是企业与其用户的生产系统形成了紧密的共同体时，企业的用户往往能认识到企业发展对自己的好处，因而也能对企业的长期发展提供支持。用户提出的问题及对解决问题的要求往往成为企业战略或战略变革的主要内容，用户对能够解决自己的问题的方案愿意支付较高的价格，或是愿意对企业解决问题的努力给予帮助，也成为企业选择能为用户所接受的战略的决策基础。

5. 企业供应商

企业供应商对企业的期望是良好的付款信誉、足够长的交货期、连续稳定的订货和长期供应关系。供应商的这些要求本身就着眼于长期性，能够满足他们要求的往往是那些经营效益高、具有发展潜力的大型企业。当企业是供应商的主要客户时，具有实力的供应商是乐意对企业的发展进行投资的。由于企业活动的效益取决于企业能为用户解决问题的程度，而企业能为用户解决问题的能力又在很大程度上受制于供应商的活动效率和供应商对企业用户要求的理解，所以，**供应商满足企业要求的能力已成为制约企业战略选择的重要因素。**

6. 企业贷款人

贷款人也是供应商的一种，他们对企业的要求是保证按期支付贷款利息和归还本金。贷款人决定是否给予贷款和贷款条件的主要依据是企业资产结构和经营历史所表现出来的偿债能力。毫无疑问，具有较强长期发展潜力的企业长期偿债能力一般较强。从这一点看，**企业贷款人对企业的期望更侧重于长期观点。**一些实力较强的金融机构甚至愿意为面临暂时资金困难，但具有较强的核心专长、经营业绩一直较好的企业提供财务资助，或帮助它们进行改组。但是，对绝大部分经营业绩一般的企业，贷款人则更多地强调避免贷款风险，保护自身安全。

7. 政府

政府为国民经济发展采取的一系列财政、金融政策和有关企业行为法则形成了企业的行为规范和经营环境。虽然各国政府对企业的管理理论和实践有所差别，但它们对企业的共同要求主要表现在三个方面：一是要求企业合法经营；二是要求企业承担一定的社会稳定的责任；三是希望企业为经济发展做出贡献。其中第一条表示政府将致力于维护公平竞争的环境，为所有企业提供平等的发展机会。在必要时甚至对小企业提供更大的帮助。第二条表示在特定情况下，为了维护社会稳定，政府会要求某些企业牺牲部分盈利，或暂缓发展。第三条注定了政府对企业长期发展和盈利能力的重视。为此，政府甚至会在一定时期内放弃部分税收。政府对企业的上述要求本身也会发生矛盾。例如在失业率较高的时期，政府会对企业大量解雇职工的决定进行干涉，为此造成这些企业经营效率的降低，或是推迟技术进步速度。又如，政府在结构调整时期要求一些大企业与小企业结合的决定也会在一段时期影响这些大企业的发展。

8. 社会

现代企业具有三个方面的社会责任：其一是企业的经营要有利于整个社会的发展，通过企业获利能力的提高增加实际缴税量，并对社区建设和社区福利事业做出贡献；其二是促进市场的繁荣和稳定、合法经营，为用户提供他们所需要的产品；其三是自觉保护环境、履行社会责任，在追求个体经济利益、竞争地位和发展的同时考虑到社会利益和稳定，在企业本身发展的同时带动其他企业的发展。

根据上述各类权势集团与企业的关系，可以将其分为企业内部权势集团和企业外部权势集团。**一般来讲，内部权势集团更重视企业的发展，外部权势集团更重视从企业获得利益**。对那些实力较强、盈利状况较好的企业而言，各类权势集团的期望均能得到较高程度的满意。而对绝大部分企业来说，各类权势集团的期望之间往往是矛盾的，企业战略的实施不可避免地会改变企业与这些外部成分的关系，进而影响它们的利益。

所以，企业进行战略选择时必须要考虑这些成分对未来战略的看法和态度。如何在选择战略时协调各方面的要求，使矛盾及其对企业造成的伤害减至最小，是战略选择时需要重视的问题。当企业对某一个或多个外部环境成分有较高的依赖性时，最终战略选择就必须与这种依赖性相一致。企业对特定外部成分的依赖程度越高，战略选择的范围和灵活性就越低。

当战略的选择受外部成分影响较大时，整个战略管理过程就会明显地表现为权势作用的过程。从这个角度考虑，**战略选择过程从本质上讲是一个权势作用的过程**。由于权势之间的关系经常是对立的，所以，战略选择必须采取正式的形式。当权势作用发生在企业内部时，表现为不存在某一个对战略选择起支配作用的个人，而是由企业内的一些“人群”互相争夺对企业战略的控制权。当企业由于外部或是内部的原因造成组织权力系统改组，例如组织内原有力量关系对比变化时，或是原有影响关系破裂时，或是当组织处于重大变革时期时，微观权势的影响表现得最为明显。

从外部权势方面看，企业总是希望通过采取积极的，具有政治色彩的战略来实现自己的利益。外部权势反映了组织封闭系统的性质。这时，对战略选择有重大影响的不是外部的某一个人物，而是一群人。他们利用自己的权势既相互争夺又相互妥协和合作。因此，整个战略选择过程就成为企业与这些外部权势谈判和讨价还价的过程。这就造成在很多情况下，对战略的选择不是受某一共同利益的驱使，而是受某些局部利益的驱使。因此对战略认识的争议总是存在的，不存在共同认可的战略意图，企业很难形成统一的战略和对战略的执行活动。大部分企业的战略制定和执行过程都有权势的影响，只有那些非常小型的、采取极端专制管理方式的企业，才有可能在面临重大变革的时期避免权势之争。

对战略的“权势”特征的理解，特别适用于处于重大变革时期的大型成熟企业和在组织结构上采取直线职能制或是事业部制的企业。在重大变革时期，这些企业内的权力分布和力量对比发生了变化，各种潜在的权势矛盾和冲突都暴露了出来。权势在企业处于停滞封闭阶段时也表现得较为明显。这时，由于各种力量在政治上的互不妥协而造成对战略变革的阻力。另外，**在环境变化无常、企业无法制定出方向明确的战略时，权势活动也表现得较为活跃。**

（三）企业管理风格的影响

管理风格可以由企业领导人的风险意识和态度、企业的组织结构及企业的管理思想体现出来，这些因素对于企业的战略选择都或多或少地会产生影响。

1. 企业领导人和主要股东对风险的态度

不同的战略方案在收益和风险的配比上是不同的，具有不同风险承受能力的决策人员会对不同的配比有不同的态度。两种极端的对风险的态度分别是：第一，在战略选择时尽可能回避风险高的战略；第二，乐于接受高风险战略的挑战。这里讨论的前提是企业领导人首先是理性的，他们在面临同样风险的情况下会选择能带来更大收益的战略，在同样收益的情况下会选择风险较小的战略。高层管理人员承受风险的能力较大时，企业战略选择的范围就较大，能够并愿意挑选有较高风险的战略，因此能够利用较多的机会。他们会更多地选择那些虽然比较陌生但有更多机会的经营环境、组织结构灵活和时期跨度较长的战略。发展性战略中的创新战略、国际化战略、多样化战略是他们经常选择的种类。高层管理人员风险承受能力较低时，他们必然在战略选择前就已经排除了风险较大的方案，使可选择的战略范围减小。他们会首先选择并人为地创造相对稳定的经营环境，尽可能回避与其他企业的直接竞争，回避选择时期跨度较长的战略。在发展性战略中，他们偏好集中化战略、一体化战略和有关差别化的行动，而且战略选择也较多地受历史原因和目前环境的影响。

虽然战略的制定和选择是企业主要决策人员的工作，但某些激进的企业战略会从根本上改变企业的经营方向，这些战略的实施有可能要求在一段时期内改变企业的分配政策、企业的股权结构，因此会较大地影响股东的短期利益，使股东承受较大的风险，这些战略的选择就需要经特别股东会议的通过。这时，主要股东对风险的态度将决定他们对战略方案的选择。**主要股东的风险承受能力还可以从他们对历次战略方案的态度和对战略实施结果的态度上表现出来**。另外，主要股东对管理过程的控制强度和欲望也会对战略选择造成心理影响。

2. 企业组织结构

与战略的更替频率比较，企业的组织结构是相对稳定的。由于每一次较大的组织结构调整本身都会涉及企业内各种关系的大规模变化，引起各种关系的对抗和对变革的抵制，因此，**已经存在的组织结构实际上对战略的选择会形成约束。企业的规模越大、组织结构的刚性越强、组织内的管**

理层次越多，企业战略的刚性就越强。这就是为什么越来越多的企业在试行灵活组织结构的主要原因。

3. 企业管理思想

企业管理思想是指企业管理部门在其行动中明确表现出来的，或是隐含的对企业内外部环境因素的态度。持“企业中心”态度的管理部门，会更多地采取意在改变环境的行动，采取尽量利用企业外部资源的战略，例如通过兼并方式实现的一体化战略和多样化战略。而持“环境中心”态度的管理部门则更多地考虑环境对企业的态度和接受程度，尽可能地适应环境。为此，他们会乐于采取较多地利用企业内部资源的发展方式，集中战略、产品开发、市场开发、创新以及合资战略将是他们的首选。

（四）时间性影响

战略决策的时间性影响包括多种含义。首先，时间性影响是指战略的执行时期的影响。即使一个优秀的战略，如果在错误的时期执行，也会产生不利的后果。例如，多样化战略对资源富裕、经济发展缓慢的企业是一种寻找新的发展点的战略，但对资源紧张、核心业务发展较快的企业就是不明智的一种选择。又例如，在利率普遍较高、股市价格低于企业资产的账面价值时，利用兼并实现战略目标是降低发展成本的有效方法，但这种方法在利率较高的时期不会有效。其次，允许企业进行详尽的战略分析和慎重的选择。在许多情况下，时间不允许管理部门更进一步地选择。最后，战略的时期着眼点。有些企业从长期着眼选择战略，有些则从短期着眼选择战略。

（五）竞争对手反应的影响

企业在进行战略选择时，还需要分析和预计竞争对手对本企业不同战略方案的反应。如果企业选择了大胆出击的战略，这个战略将直接对企业某一主要竞争对手形成挑战，竞争对手势必会反击。因此，**企业必须对竞争对手的反击能力以及对手的反击对企业战略成功的影响做出恰当的估计**。当对手的反击表现为集体性时，即当企业的某项战略会引起整个行业的共同反击时，企业就只能放弃自己的战略。

企业战略选择受对手影响的程度是由企业所处的市场结构决定的。根据经济学研究，市场结构有四种类型：近乎完全竞争的市场结构、近乎完全垄断的市场结构、由几个寡头企业垄断的市场结构、各企业以其经营的差别化垄断了某一细分市场的垄断竞争的市场结构。处于近乎完全竞争市场结构中的企业，由于产品的同质性而需要在成本上和产出数量上竞争，因而宜于采取集中战略和市场开发战略，它们各自的战略较少受对手战略的影响，在制定战略时也较少考虑对手的战略。处于近乎完全垄断市场结构的企业因为存在某些自然的或人为的垄断条件，所以能够在垄断条件的范围内采取集中战略，同时利用明显的规模优势阻止其他企业的进入，它们的战略也较少地受对手战略的影响。在寡头垄断市场结构中的企业，如果其本身是市场上的寡头，就能够利用其市场领袖的地位采取进攻性战略。但是，若寡头企业之间存在很强的对抗性竞争关系，某一企业在价格或产出数量上的变化都会影响其他的企业，从而迫使它们做出相应的对策。所以，任何企业的战略都必须考虑其对手的反应，需要对对手的反应做出正确的估计。这就使得寡头垄断企业的战略结果具有很大的不确定性，战略的难度也就相应提高。处于垄断竞争市场结构中的企业之间也存在一定的对抗性竞争关系，但这种对抗性竞争的强度要远远弱于寡头垄断的市场结构。垄断竞争结构下的企业主要依靠突出的差别化来进行竞争，因此，差别化竞争战略是它们的首选。总之，**考虑竞争对手的反应对企业战略选择的影响时，必须结合企业所处的市场结构具体分析，才可能做出正确的战略选择。**

企业竞争战略

不要怕竞争，竞争是企业成长的激素。竞争使企业家时时刻刻处在一种紧张状态中，不懈地努力改善经营管理，以求生存和发展。

——〔英〕乔治·佛克斯

一、市场竞争的一般原理

（一）市场竞争的表现形式

在社会主义市场经济条件下，竞争是企业发展的核心动力。通过相互竞争，企业可以提高生产率并提高适应市场需求的能力，促使企业保持经营活力和朝气。任何企业都不能认为选择目标市场和营销组合没有错误就能取得利润，保持永存。一般说，**所选择的目标市场和营销组合如不能准确有效地适应市场需要，企业仍旧无法生存下去**。企业对分担的事业能否保证有效地展开活动，能否准确适应市场需要，是有关企业各种战略的问题。

即使企业选择的目标市场和营销组合可以准确适应市场需要，也不一定能生存下去，理由是：在自由竞争体制下，同一目标市场和区划的企业互相竞争，有效性和准确性差的企业就会在与地位优越企业的竞争中失败，结果不得不离开该区划。

实际上越是发展前途大的区划就越有更多的企业选定。这些企业提供满足社会需要产品的总和，如大于现实市场需求的增长，在该区划各企业间就要展开优胜劣败的激烈竞争，直到有几家企业被排挤出去。如果市场需求增加，情况可能缓解一些；反之，企业互相间的竞争将更加激烈。由此观之，**在价值规律的制约下企业间经常处于炽烈竞争的状态是很正常的。**

在市场经济条件下，竞争一般有以下三种表现形式：

其一，商品所有者之间的竞争。当商品供大于求时，同行企业之间的竞争就会越来越激烈，主要表现在争夺市场和争夺用户。

其二，货币所有者之间的竞争。尤其在商品供不应求的情况下，这种竞争十分激烈。生产者之间主要是争夺原料市场，消费者之间主要是争夺各自需要的商品。

其三，商品与货币所有者之间的竞争。对于一个货币所有者，包括企业、单位和个人，总是要求用尽可能少的钱去购买自己最满意的商品。

（二）市场结构与竞争

市场是供给与需求见面进行交易的场所。**企业总是在特定市场上进行经营活动的，因此特定的市场结构对竞争有很大的影响。**从理论上讲，一般可把市场结构分为以下几种基本形式：

1. 完全竞争

它的主要特征如下：第一，各企业的商品基本上是相似的，在购买者的心中没有特殊的卖者；第二，每一个买者和卖者都没有力量去影响商品的市场价格；第三，各种资金的投入不是固定的，可以任意地进行转移；第四，企业决策是在确定的条件下做出的，可以追求最大利润。

2. 垄断竞争

垄断竞争的主要特征如下：第一，各企业的商品存在一定的差异，购买者有选择的权利；第二，企业的数量大量增加，但大多数是中小企业；第三，存在非价格竞争，包括质量、推销、服务、牌子等方面的竞争；第四，一个企业的行动对其他同行企业的影响比较小。

3. 寡头垄断

随着企业生产规模越来越大，整个市场已被少数几家企业所垄断。这种竞争的主要特征如下：（1）在一定的市场上，少数企业拥有很大的市场占有率；（2）少数企业的决策和行动，对别的企业存在较大的影响；（3）少数企业之间相互有依赖性，包括价格、品种、产量、推销、服务等竞争策略，各个企业都要根据竞争对手来做出自己的决策；（4）新的企业要进入被少数企业垄断的市场是相当困难的。

4. 完全垄断或称纯粹垄断

它是指在一定的市场中，某一种商品全部由一个企业垄断。“独此一家，别无分店。”这种寡头垄断是罕见的，只有极个别的行业允许存在。其品种、产量、价格等都由这一企业垄断和控制，这对广大消费者是不利的，具体的对比见表4－1。

以上只是对市场结构与竞争的一般分析，在实际确定战略时，还必须根据本企业所处的实际情况分析研究，例如一个企业在经营范围内处于垄断地位，也可能有其他企业进入该市场领域，市场的需要也有转移到替代品上去的可能性。所以，**企业还应意识到除同行的公开竞争外还要与潜在的竞争对手竞争**。

无论在没有感受到竞争对手行动的完全竞争市场，或是经常意识到竞争对手行动的寡头市场，各企业实际上都必须分别采取行动应付竞争。在没有感觉到竞争的市场上，各个企业的位置几乎并列于一条横线上，几乎感觉不到什么问题。在意识到竞争的市场上，各企业明显地意识到竞争对手的行动，将努力争取自己在竞争中的有利地位。

表 4－1 市场结构与竞争的关系

市场结构类型	企业数量与市场占有率	产品差别性与购买者选择	企业的影响力和竞争状况	新企业进入的难易	例子
完全竞争	企业数量很多市场占有率很小	产品没有差别没有特殊买者，不作选择	买者和卖者都不能影响商品价格	十分容易出去也容易	农业
垄断竞争	企业数量甚多市场占有率较小	产品甚有差异购买者有一定选择权利	对其他同行企业影响小，存在非价格竞争	比较容易	零售业
寡头垄断	少数企业占有很大的市场占有率	产品有差异或无差异	少数企业之间存在依赖性，如有勾结对价格影响很大，否则，就不敢任意变动	很难加入	汽车制造业
完全垄断	独一无二，完全占有市场	差别很大，无法替代，消费者无法选择	品种、产量、价格由一个企业控制	无法加入	公用事业

（三）价格竞争和非价格竞争

许多情况可能导致企业必须考虑采用价格竞争方式。例如，企业产品过剩，这意味着企业必须增加销售量。**当企业无法经过促销努力，产品改良等办法达到目的时，就有可能采取降低产品价格的办法来保持或增加市场占有率**。又如，由于竞争者的侵入，企业的市场占有率明显下降，再如，企业想借低成本来主宰市场时，可能采取降价的办法来争取市场占有率的扩大。不少企业在过去曾采用价格竞争的策略并获得了很大成功。但价格竞争毕竟是一个较原始的办法，如果单纯地采用价格竞争会带来很大的风险性。一般而言，低价格会带来以下弊端：

1. 低品质陷阱

消费者可能会认为低价格的品质要比高价格的品质差。

2. 脆弱的市场占有率陷阱

采用低价格或可暂时取得市场占有率，但却无法获得市场的忠诚度。因为一旦有更低价格的产品出现，消费者会立刻转向。

3. 财力空虚的陷阱

高价格的竞争者也可以降低其降格，而且由于竞争者拥有雄厚的财力，因此能支撑得较久。

由价格竞争走向非价格竞争已成为市场竞争的一般趋势。在走向非价格竞争过程中，要求避免进行单纯的价格竞争。而在经营的一切方面，包括降低成本，提高效率，适应市场需求的变化方面竞争。

不采用单纯的价格竞争，而采取产品差异化的非价格竞争，在有些情况下是对待竞争的聪明做法，但这不是说价格无足轻重。在差异化产品市场上的一定范围内也要承认价格差别的作用。如果超过这个限度出现明显的廉价产品，大部分消费者可能舍弃差异而选择廉价产品。所以明智的企业经营者必须时刻注意尽量压低生产和销售的成本，也能经得起价格变化的考验。

非价格竞争是指在企业经营的所有方面展开有效和准确的适销对路的竞争。如果产品成本比其他公司产品低得很多，价格当然也是重要的竞争手段；反之，在产品与竞争对手产品形成差别以后，如价格过高而不努力降低成本，也不能取得最后胜利。

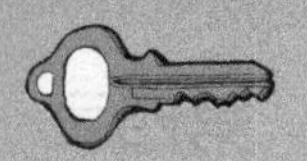

二、五种竞争力量

现代企业的竞争对手越来越广泛，在进行战略选择时，一般应抓住最主要的五种竞争力量进行分析研究。这五种力量具体包括现有竞争者、潜在竞争者、替代产品竞争者、购买者竞争力量和供应者竞争力量。它们之间的相互关系如图 4－1 所示：

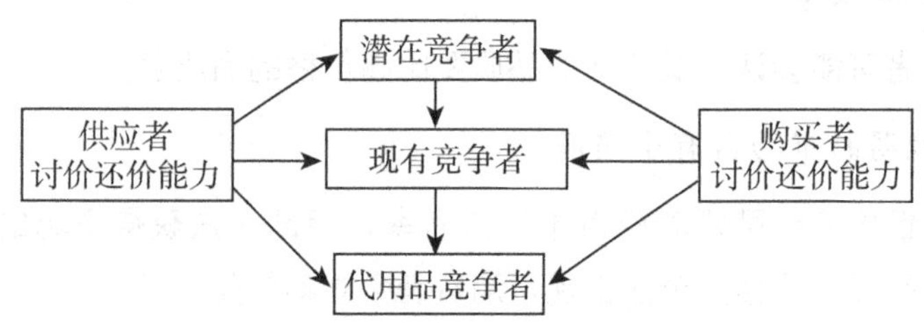

图 4－1　五种竞争力量的关系图

（一）现有竞争者

现有竞争者是指行业内外生产同类产品的企业，特别是指同处于一个战略集群内的竞争者。目前，我国大多数企业对竞争者的分析，主要是对现有竞争者的分析。但是，要对现有竞争者做出分析，应根据各企业的经营特点和要求突出重点。一般来说，应从竞争对手的目标、判断、战略、实力这四个方面进行分析。**目标和判断是分析竞争对手的动力，战略和实力是分析竞争对手的行为。**如图 4－2 所示：

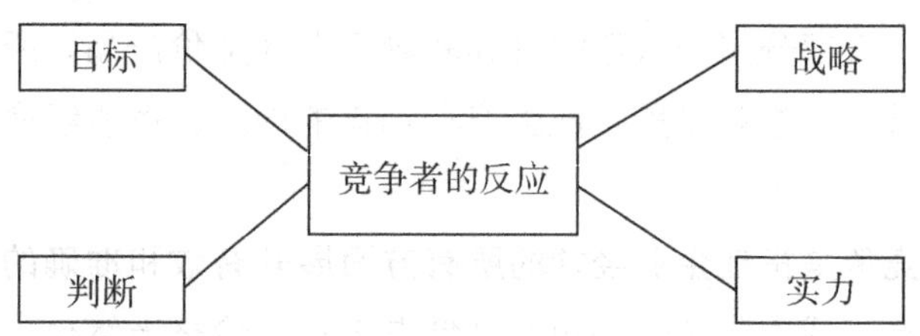

图 4－2　对竞争对手的重点分析

1. 目标

目标是指竞争者为谋求自身的发展，从战略上能达到的长期目标，包括贡献目标、发展目标、市场目标和利益目标。企业不仅要了解竞争者的总体目标，还要了解各项专业的中间目标和具体目标，便于企业从战略上采取有效的对策。

2. 判断

判断就是指进一步掌握竞争者的各种信息，从外部环境和内部条件去分析判断竞争者的战略重点及未来的发展趋势，以及有关的有利因素和不利因素。通过判断分析，便于企业采取相应的战略措施，赢得竞争的优势。

3. 战略

这主要是掌握竞争者未来的经营方向，是采取发展战略，还是维持战略或撤退战略。在发展战略中是采取哪一种发展形式，如中外合资、引进技术、横向联合、组合企业集团等。企业在充分掌握竞争者战略方向的基础上，便于有的放矢地制定自己的战略方向。

4. 实力

实力是指企业内部人、财、物、技术和管理水平的实力，以及企业的自我发展能力、反应能力、适应能力、持久能力等。有的企业在短期内有一定的突出能力，但缺乏持久的力量；有的企业有潜在能力有后劲等。企业对竞争者的实力必须加以充分估计和分析。

（二）潜在竞争者

潜在竞争，一般是由新建企业以及老企业转产后加入本行业带来的竞争。**在商品经济下，由于潜在竞争者的加入，必然会加剧行业内部的竞争，包括争夺市场和原料**。这样，也必然使原有企业对潜在竞争者做出必要的对策和反应，从而使新加入的竞争者处于不利的地位。尤其是市场供应较为充裕的商品，或者在少数企业垄断竞争的情况下，新加入者往往会遇到更多困难。这些不利因素和困难条件主要表现在以下几个方面：

1. 规模经济

规模经济是指每个时期内，产品或从事生产产品的业务、职能的绝对

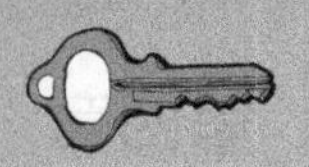

量增加时，它的单位成本下降。也就是说，在一般情况下，生产批量越小，成本越大。规模经济迫使新加入者必须以大的生产规模进入，并冒现有企业强烈反应的风险；或者以小的生产规模进入，但要忍受产品成本的劣势。这两种选择都令人难以接受。

规模经济几乎存在于企业的每一个职能之中，如制造、采购、研究和开发、市场营销、服务网络、销售能力的利用以及分销等，规模经济可能与一项职能的全部领域有关，也可能只涉及某一职能领域中一部分特定的经营业务和活动。例如，在电视机制造业中，彩色显像管生产的规模经济意义大，而细木工艺和器件组装的规模经济意义不大。由于单位成本和规模的特殊关系，分别检测成本的每一个组成部分是很重要的。另外，多种经营公司的各部门如果能够和公司其他经营单位共同分享规模经济条件下的经营业务和职能，并在该市场区划内已形成大多数经营者参加的纵向联合等，都会使原企业享受到规模经济的利益，而给后来者增加进入障碍。

2. 产品的差异性

我们已在上一章分析过产品的差异性问题。它包括产品的质量、品种规格、价格、包装、服务、广告等方面的差异。新加入的竞争者与原有竞争者相比，如无更能满足用户的某种特殊需要，要想打开销路，就会有较大的困难。产品差别化形成了进入障碍，迫使新加入者费尽九牛二虎之力去破坏原有企业用户的忠诚度。这种努力通常是以亏损作为代价的，而且要花费很长时间才能达到目的，**如果新加入者进入失败，那么在广告商标上的投资是收不回任何残值的，因此这种投资具有特殊的风险。**

在婴儿保健品、药房直售药品、化妆品等行业以及投资银行业务、公共会计业务中，一般产品差别化是最重要的进入障碍。在酿酒工业中，产品差别化和规模经济共同在生产、市场营销和销售渠道上设置较高的进入障碍。

3. 规模无关的成本劣势

原有的企业常常在其他方面还具有一些成本上的有利条件，而且潜在的加入者无论取得什么样的规模经济，都不可能与之相比。例如：第一，专利产品技术。通过专利权或保密来保护产品的技术诀窍或设计特征的专利。第二，原材料优惠。原有企业可能已经封锁了最优惠的货源，并将其价格固定在原来需求较低时的水平上。第三，有利的位置。原有的企业在市场哄抬价格以前已经垄断了有利的位置，以便实现他们的全部价值。第四，政府补贴。优厚的政府补贴会使原有企业在某些经营中长期受益。第五，知识或经验曲线。这是指在某些经营活动中，随着企业生产某种产品的经验越来越丰富，产品的单位成本明显下降的一种趋势。

4. 追加投资及其风险

一般来说，新加入的竞争者在产品开发、基建或改造、职工培训等方面需要花费一定投资。**投资费用越大，其风险也越大**。例如：（1）风险投资。不能确定能否补偿预先支付的广告费用或者预先支付的研究和开发费用时，形成的进入障碍更明显。资本不仅在购买生产设备上是必需的，而且在用户信贷、存货或弥补投产亏损等业务上也是必需的。（2）转换成本。转换成本是指购买者将一个供应者的产品转换成另一个供应者的产品支付的一次性成本。转换成本包括雇员再培训的成本、购置新的辅助设备的成本、检测新资源的费用和时间以及产品的再设计等，甚至包括中断关系的心理成本。（3）分销渠道。由于产品的正常分销渠道已经为原有的企业服务，新加入者则必须通过让价、合作、广告津贴等来说服这些分销渠道接受他的产品。不过，这样会减少新加入者的利润。产品的批发渠道或零售渠道越有限，它与现有的竞争者的联系也越紧密，新加入者要进入该行业也就越困难。

5. 国家的方针政策

新加入的竞争者必须充分了解和掌握国家有关的方针政策以及法律、法规，如基本建设、技术改造、产品质量、供销渠道、销售价格等。**如果新竞争者盲目上马或盲目发展，必然会受到国家的行政干预，严重违法者要受到国家法律制裁。**

所以，对于潜在竞争者，由于客观上的上述几种劣势，一般不会对行业内现有企业构成威胁，但随着其实力的不断壮大，也是一个不容忽视的战略选择因素。

（三）替代产品竞争者

替代产品竞争者是指产品在功能上能代替原有的产品。随着科学技术的发展，新产品、新技术不断出现，原有的各行业都会受到替代产品竞争者的威胁。尤其是出现功能更好、价格低廉的替代产品时，其威胁就更大。它不仅会影响原有产品的价格和市场销路，甚至会大大缩短原有产品的寿命周期。替代产品在生产资料方面有广泛的发展，如以塑代钢、以纸代木等。在现代社会中，消费资料方面的替代产品也有很大的发展。要识别代用品，就要研究那些和本行业的产品具有同样功能的其他产品。有时要做到这一点并不是一件容易的事情，它会使人感到进行的分析与本行业的业务相去甚远。

代用品能顺应潮流，不断改进它们与所竞争的行业产品在价格实施上的均衡关系，或者代用品是那些获得高额利润的行业生产出来的。从实际情况看，**当一个区划增加竞争活动并且引起减价或经营改善时，代用品常常会迅速进入该区划并参与竞争**。这种变化趋势的分析，在决定是否从战略上阻止代用品时具有重大意义。例如，在安全警卫行业中，电子报警系统是有强大竞争力的代用品，它会变得越来越重要，因为人力警卫的成本会越来越高，而它的成本会越来越低。所以从事安全警卫行业的企业的比较合适的措施，是提出一个人工警卫和电子系统的一揽子交易。而这里的警卫人员与过去不同，他们应能熟练操纵电子系统，决不应试图采取通过加强人工警卫系统去取代或超过电子警报系统的做法。

（四）购买者竞争力量

购买者的竞争方式有压低价格、以较高的产品质量或更多的服务成交以及使销售者互相倾轧等。所有这些方式都是以降低销售者的获利能力为条件的。一个行业的重要购买集团的竞争能力，取决于它所处的市场状况的一些特性，这在本章第一节已有详细分析，同时也取决于它在该行业的购买活动与其整个业务相比较的重要程度。

购买者主要包括个人消费者和团体消费者。生活消费资料的购买者主要是个人；生产资料的购买者主要是企业和单位。**每一个生产企业必须充**

分了解和掌握购买者的需求情况和竞争因素。

1. 对购买者的评价和分析

一个企业要正确地评价和分析每一个购买者，这是一项极为复杂的工作。一般可以从以下三方面进行评价和分析：第一，不同的购买者有其不同的需求，一般可通过市场细分化的原理，寻求和确定企业的目标市场；第二，购买者的结构分析，就是对用户的购买动机、行为以及购买的方式和途径等进行评价分析；第三，对购买者的增长潜力进行评价和分析。主要是了解和掌握购买者的经济实力及其需求的增长趋势。

2. 购买者的竞争因素

影响购买者之间相互竞争的因素，主要有以下几方面：第一，同类产品购买者的数量。集中购买某种产品的用户越多，其竞争的程度也越大，但是，对生产者之间的竞争压力反而越小。第二，产品的差异程度。一般来说，产品差异程度越大，购买者可以选择的余地越大，购买者之间的竞争压力就会小一些，而生产者之间的竞争压力就会大一些。第三，购买一体化的程度。对于有些商品，购买者需要配套购买，尤其是生产资料。生产企业可以向市场购买某些零部件，也可考虑自制，这必然会引起购买者之间或生产者与购买者之间的竞争。第四，掌握商品信息的程度。包括广告、产品、价格、服务等方面的信息。购买者掌握的信息量越多，其竞争程度也会越大。

购买者的竞争能力也是会变化的。上述因素随着时间的推移或由于公司的战略决策等原因发生变化时，购买者的能力也会自然而然地上升或下降。例如，在服装行业中，当购买者（商场或服装店）已经被大的零售商店网络集中和控制时，那么该行业就要受到日益增长的压力的影响，而且还会遭受边际收益下降的损失。这时，这个行业也就不能通过树立与众不同的产品形象或提高购买者转换成本等手段来抵制这种不利的发展趋势了。同时，大量的舶来品涌进市场对这个行业也是有害无利的。

（五）供应者的竞争力量

对供应者的竞争力量的分析，正好与购买者竞争力量相反。但是，供应者可以由生产企业自产自销，也可通过中间商经销或代销。

1. 影响供应者之间竞争的主要因素

一般来讲，影响供应者之间的竞争因素主要有以下几个方面：

第一，供应者的数量和集中程度。一般地讲，**同类产品供应者的数量越多，其竞争程度也越大**。但是，又要具体分析供应者的集中程度。如果在一定的市场范围内，供应者数量不多，则竞争程度会低一些。

第二，产品差异化程度。如果产品差异化程度低，购买者的选择余地就会小一些，而供应者之间的竞争就会多一些。当然，供应者的竞争程度，还要取决于总供给和总需求的情况，即分析买方市场和卖方市场的情况。

第三，供应一体化的程度。如果供应者能提供较完整的系列产品，将处于有利地位；反之，供应的产品品种少、质次价高，就会使生产企业放弃购买，决定自己生产，从而加剧供应者和购买者之间的竞争。

第四，替代产品的竞争程度。**如果市场上替代产品不断增多，必然导致替代产品供应者与原有产品供应者之间的竞争更加激烈**。

供应者的讨价还价能力也会发展变化。正如对付购买者的情况一样，企业可以通过战略来改善自己的处境。

当竞争者确实构成威胁时，在许多行业中适当的竞争者可以加强而不是削弱一个公司的竞争地位。竞争者有好坏之分。**所谓“好”的竞争者是指那些能起有益作用又不会带来太严重的长期威胁的竞争者**。“好”的竞争者不会为满足虚荣心而向本企业挑战，与这样的对手竞争可以得到稳定的、有利的产业均衡而不会陷入旷日持久的冲突。一般来说，“坏”的竞争者具有相反的特征。

2. 行业内“好”的竞争者具有的特征

第一，有信用和活力。“好”的竞争者有充分的手段和能力充当激励者，它促使本企业努力降低成本，改进差别，还促使企业为顾客所信赖和接受。

第二，有明显的自知性。“好”的竞争者虽然有信用和活力，但它也知道自己有相对于本企业的弱点，且知道这些弱点很难改变。

第三，通晓规则。“好”的竞争者通晓产业的竞争规则并按其行事，愿意观察和理解市场信号，支持市场开发和现有技术的进步，而不会为了获得地位就采取中断竞争和技术进步过程的战略。

第四，有现实的假定。“好”的竞争者对自己所处的产业和自己在产业中的相对地位有现实的假定，不会过分估计自己的能力，为获得市场份额而挑起战斗，但也不会低估自己的力量而逃避对进入者实施报复。

第五，有改善产业结构的战略。“好”的竞争者有保护、增加产业结构中合理因素的战略。例如，它的战略可能提高进入产业的障碍，强调产品质量和产品别具一格而不是强调削价或者通过增加销售方式的活力来减少客户的价格敏感性。

第六，有可协调的目标。“好”的竞争者有可与本企业目标协调的目标。**好的竞争者对自己的市场地位感到满意，而它这个地位恰好同时能使公司赚取高利润。**

三、基本竞争战略

（一）成本领先战略

在介绍这一战略前，首先要介绍一下经验曲线理论。

经验曲线理论是成本领先竞争战略的基础。经验曲线最早是由美国波士顿咨询公司发现并用于企业战略分析的。经验曲线理论的基本概念是指当总产量增加时，标准产品的制造成本会以某一固定的、可以预计的方式下降。例如，产量增加一倍，制造成本下降20%。由此可以得出：在存在经验曲线效应的情况下，产出规模大的企业的制造成本会低于产出规模小的企业，因而形成成本优势。图4－3是经验曲线的两种基本形状。

图4－2（A）是美国电力产业协会提供的1964—1972年间电力产业的经验曲线，曲线斜率为75%。该曲线表示，在电力行业中，规模的扩大会立即导致经验的增加。图4－2（B）是美国煤气行业1946—1967年间的经验曲线。从该曲线可以看出，在煤气行业中，规模的扩大并不立即表现为

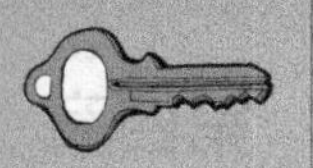

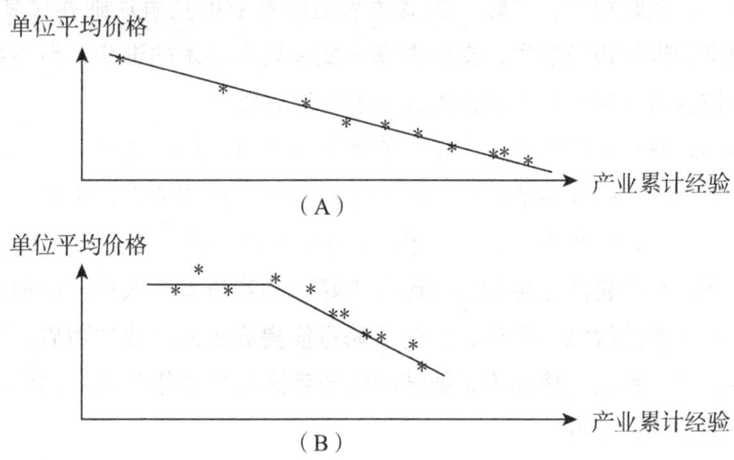

图 4－3　经验曲线的基本形状

经验的增加，只有当规模扩大到一定程度后，才会出现经验的增加。

经验曲线降低成本的作用主要体现在以下八个方面:

- 操作经验作用。由于重复进行同样的操作，使职工和管理人员积累了经验，因而提高工作效率。另外，培训也可以起到同样的作用。
- 新的劳动组织方式的作用。例如提高专业化水平，重新安排流程，组织结构合理化等劳动组织方式的改变都能使生产的经济性提高。
- 新工艺、工艺改善或创新的作用。
- 改变资源配比的作用。例如，在劳动力成本高的行业，多用机器来代替对人的使用量就能起到降低成本的作用。
- 产品标准化的作用，标准化可以直接形成成本利益。
- 技术的经验作用，即在获得经验之后，同样的设备可以使工作质量标准提高。
- 产品再设计作用。供需双方更了解产品的生产要求，因而可以对产品进行再设计，在同样的材料及劳动力投入的情况下取得更大的产品效用。

虽然静态规模对经验曲线斜率的影响不大，但对经验曲线的时间改善作用很大。**所以，产量高的企业不但能获得静态的规模经济性，还能获得较快的成本下降速度。**

成本领先战略由于经验曲线概念的流行得到了日益普遍的应用，即通过采用一系列针对本战略的具体政策在产业中赢得总成本领先。成本领先要求积极地建立起达到有效规模的生产设施，在经验基础上全力以赴降低成本，抓紧成本与管理费用的控制，以及最大限度地减少研究开发、服务、推销、广告等方面的成本费用。为了达到这些目标，有必要在管理方面对成本控制给予高度重视。**尽管质量、服务以及其他方面也不容忽视，但贯穿于整个战略的主题是使成本低于竞争对手。**

尽管可能存在强大的竞争作用力，处于低成本地位的公司仍可以获得高于产业平均水平的收益。其成本优势可以使公司在与竞争对手的斗争中受到保护，因为它的低成本意味着当别的公司在竞争过程中已失去利润时，这个公司仍然可以获取利润。低成本地位有利于公司在强大的买方威胁中保卫自己，因为买方公司的能力最多只能将价格压到效率居于其次的竞争对手的水平。低成本也会构成对强大供方威胁的防卫，因为低成本在对付卖方产品涨价时具有较高的灵活性。导致低成本地位的诸多因素通常也以规模经济或成本优势的形式建立起进入壁垒。最后，低成本地位通常使公司与替代品竞争时处于比产业中其他竞争者有利的地位。这样，低成本可以在全部五类竞争作用力的威胁中保护公司。原因是讨价还价使利润蒙受损失的过程只能持续到效率居于其次的竞争对手也难以为继时，而且在竞争压力下效率较低的竞争对手会先遇上麻烦。

赢得总成本最低的地位通常要求具备较高的相对市场份额或其他优势，诸如良好的原材料供应等。或许也可能要求产品的设计要便于制造生产，保持一个较宽的相关产品系列以分散成本，以及为建立起批量而对所有主要客户群进行服务。由此，实行低成本战略就有可能要进行很高的购买先进设备的前期投资，激进的定价和承受初始亏损，以攫取市场份额。高市场份额又可以引起采购经济性而使成本进一步降低。一旦赢得了成本领先地位，所获得的较高的利润又可对新设备、现代化设施进行再投资以维护成本上的领先地位。这种再投资往往是保持低成本地位的先决条件。

（二）差异化战略

差异化战略是通过将公司提供的产品或服务标新立异，形成一些在全产业范围内具有独特性的东西来取得竞争优势的一种战略。实现差异化战略有许多方式：设计或品牌形象、技术特点、外观特点、客户服务、经销网络及其他方面的独特性。最理想的情况是公司使自己在几个方面都标新立异。当然，**差异化战略并不意味着公司可以忽略成本，但此时低成本不是公司的首要战略目标。**

如果差异化战略可以实现，它就成为在产业中赢得超常收益的可行战略，因为它能建立起对付五种竞争作用力的防御，虽然其形式与成本领先有所不同。差异化战略利用客户对品牌的忠诚以及由此产生对价格的低敏感度使公司避开竞争。它也可使利润增加而不必追求低成本。客户的忠诚以及某一竞争对手要战胜这种“独特性”，需付出的努力就构成了进入壁垒。产品差异化带来较高的收益，可以用来对付供方压力，同时也可以缓解买方压力，当客户缺乏选择余地时其价格敏感性也就不高。最后，采取差异化战略而赢得顾客忠诚的公司，在面对替代品威胁时，其所处境况比其他竞争对手也更有利。

值得注意的是，实现产品差异化有时会与争取占领更大的市场份额相矛盾。它往往要求公司对这一战略的排他性有思想准备，即这一战略与提高市场份额两者不可兼得。较为普遍的情况是：如果建立差异化的活动总是成本高昂，如广泛的研究、产品设计、高质量的材料或周密的顾客服务等，那么实现产品差异化将意味着以成本地位为代价。然而，**即使全产业范围内的顾客都了解公司的独特优点，也并不是所有顾客都愿意或有能力支付公司所要求的较高价格。**

（三）集中一点战略

集中一点战略是通过主攻某个特定的顾客群，某产品系列的一个细分区段或某一个地区市场来取得竞争优势的一种战略。正如差异化战略一样，集中一点战略可以具有许多形式。虽然低成本与产品差别化都是要在全产业范围内实现其目标，集中一点的整体却是围绕着很好地为某一特定目标服务这一中心建立的，它所制定的每一项职能性方针都要考虑这一目标。这一战略的前提是：公司能够以更高的效率、更好的效果为某一狭窄的战略对象服务，从而超过在更广阔范围内的竞争对手。结果是，公司要么通过较好满足特定对象的需要实现了差异化，要么在为这一对象服务时实现了低成本，或者两者兼得。尽管从整个市场的角度看，集中战略未能取得低成本或差异化优势，但它的确在其狭窄的市场目标中获得了一种或两种优势地位。

集中一点战略常常意味着对获取的整体市场份额的限制。集中一点战略必然包含着利润率与销售量之间互为代价的关系。

迈克尔•波特认为三种基本战略在架构上的差异远甚于前边列举的功能上的差异。成功地实施它们需要不同的资源和技能。基本战略也意味着在组织安排、控制程序和创新体制上的差异。其结果是：保持采用其中一种战略作为首要目标对赢得成功通常是十分必要的。现列举三种基本战略在这些方面的通常含义（如表 4－2）。

表 4－2

基本战略	通常需要的基本技能和资源	基本组织要求
成本领先战略	• 持续的资本投资和良好的融资能力 • 工艺加工技能 • 对工人严格监督 • 所设计的产品易于制造 • 低成本的分销系统	• 结构分明的组织和责任 • 以满足严格的定量目标为基础的激励 • 严格的成本控制 • 经常的、详细的控制报告
差异化战略	• 强大的生产营销能力 • 产品加工 • 对创造性的鉴别能力 • 很强的基础研究能力 • 在质量或技术上领先的公司声誉 • 在产业中有悠久的传统或具有从其他业务中得到的独特技能组合 • 得到销售渠道的高度合作	• 在研究与开发、产品开发和市场营销部门之间的密切协作 • 重视主观评价和激励，而不是定量指标 • 有轻松愉快的气氛，吸引高技能工人、科学家和创造性人才
集中一点战略	• 针对具体战略目标，由上述各项组合构成	• 针对具体战略目标，由上述各项组合构成

各基本战略也许还需要有不同的领导风格，并可以体现为不同的公司

文化和公司氛围，从而吸引不同类型的人才。

四、竞争地位与战略选择

（一）市场占有率与竞争战略

由于竞争的加剧和对市场竞争力的日益关注，理论界和企业界都越来越重视对市场占有率（或称市场份额）的分析，将市场占有率视为测度企业市场竞争力的最直接、最重要的指标。

1. 市场占有率分析的意义

市场占有率的定义是在一定时期内，企业所生产产品在市场上的销售量或销售额占市场同类产品销售量或销售总额的比重。用公式表示为：

$$市场占有率=\frac{企业产品的销售量（额）}{同类产品的销售总量（总额）}\times 100\%$$

按照这一定义，还可进一步计算企业某一产品品种的市场占有率或某一品牌产品的品牌市场占有率。对市场占有率的定义又有绝对市场占有率和相对市场占有率之分，上述定义就是绝对市场占有率的定义。相对市场占有率则分两种情况：一是相对最大竞争者的市场占有率，即将本企业的销售额（量）与市场上的最大竞争对手同期的销售额（量）相比。结果超过100%的，则该企业可被视为该市场的市场竞争领先者；接近100%，说明该企业的市场地位与市场最大竞争者旗鼓相当。另一种情况是相对市场前几位竞争对手的市场占有率，是将本企业的销售额（量）与处于市场前几位（如前三位）的竞争对手同期的销售额（量）之比。相对市场份额的计算主要是为比较本企业与竞争对手的市场成长速度。**相对市场份额高，说明本企业市场成长速度快于竞争对手，也可反映出市场上企业竞争力的增减变化。**

美国哈佛商学院、营销科学学会以及企业界的研究人员专门组成了一个研究小组，共同研究市场策略对企业收益的影响（Profit Impact of Market

Strategy，简称 PIMS 研究）。其研究成果表明，在影响企业投资收益率的 37 项因素中，市场占有率是最主要的影响因素。用市场占有率来衡量企业竞争战略的合理性和科学性，至少表现在以下三个方面：

第一，市场占有率与企业收益水平间存在一种正相关的关系。PIMS 的研究已表明，在大多数情况下，市场占有率高的企业，其效益水平也较高，这正好与企业经营的营利性目标相一致。

第二，市场占有率尤其是相对市场占有率的高低，能体现企业的竞争地位和竞争强度的变化。在市场需求一定的情况下，一个企业的市场占有率的扩大，意味着竞争对手市场份额的减少。即使市场需求总量扩大，对单个企业而言，其市场占有率也不会无限制扩大，企业间市场占有率的这种此消彼长的增减关系仍然是成立的。这种增减的变化是企业间竞争地位变动的直接表现，并且这种增减变化也能反映出市场竞争强度的变化，增减越频繁，表明企业间在该市场上的竞争强度就越高。

第三，争取提高市场占有率将有助于增加企业的竞争实力。企业提高市场占有率是通过经营活动过程来实现的，因此，提高市场占有率的过程，是企业不断完善、积累营销和竞争技能与经验的过程，也是企业不断完善、确立自身形象，建立和提高企业市场知名度和顾客忠诚度的过程。而这种技能、经验、形象和知名度等要素，均是企业的无形资产。按照日本学者伊丹敬之的观点，无形资产才是企业竞争力的真正源泉。从这一角度讲，提高市场占有率正好与企业的竞争导向一致。因此，**从市场占有率角度分析、研究企业竞争战略具有重要意义。**

（二）企业竞争战略以提高市场占有率为目标

市场占有率是反映企业市场竞争能力的一个重要指标，也是影响企业战略的关键因素，PIMS 研究结果充分展示了市场占有率与企业收益间的关系。**扩大市场占有率是提高企业收益的关键因素。**

如前所述，哈佛商学院教授巴兹尔和麻省理工学院教授盖勒等人领导的 PIMS（市场战略对企业的收益影响）研究，从 600 家公司中获得了大量的数据，以期弄清楚什么是影响企业投资收益率的主要因素，并预测企业战略对企业收益的影响程度，在他们总结出的影响企业投资收益的 37 项主要因素中，市场占有率是最重要的。这里所说的“投资收益率”（return of investment，ROI）意指企业的税前营业收益占企业资本和长期负债总额之比。

较高的市场占有率，能促进企业的高收益率，在企业界也不难找出这样的实例，如IBM、KO－DAK等大企业，他们在市场上凭借拳头产品拥有较高市场占有率时，其投资收益率也在明显增长。

高收益是企业生存和发展的前提，也是企业追求的目标。竞争战略的实施会影响企业的收益水平，而市场占有率是影响企业收益率的关键因素，因此竞争战略必须以市场占有率为目标。

（三）企业竞争战略对市场占有率和利润率的影响

迈克尔•波特指出市场份额与利润率间存在多种可能的关系。在某些产业中，被夹在中间的问题可能意味着采用差异化或集中一点战略的较小公司和成本领先战略的较大公司是最能盈利的公司，而中等规模的公司利润最低，意即利润率与市场占有率之间存在一种U型关系。

美国的小马力电机产业就表现出这种关系。在该产业中，通用电器（GE）公司和爱默生（Emerson）公司有着强大的成本优势，GE还具有技术上的高声誉，因此它们有着很大的市场份额和较高的收益。Balder公司和Gould（Century）公司采用了差异化战略：Balder公司面向分销渠道，而Gould公司面向特定的客户细分市场，这两个公司的利润也十分可观。Franklin公司地位居中，既不具备低成本又未能实现差异化，在产业内的业绩也落后于竞争者。

但是，这种U型关系并非在每一个产业中都能成立。在某些产业中可能不存在差异化和集中一点的机会，而只能在降低成本上下功夫，如日用消费品行业。在另外一些产业中，由于顾客和产品特点的原因，成本变得相对不重要。在这些产业中，甚至出现市场占有率与利润率关系颠倒。还有一些产业，竞争如此剧烈以至唯一能够获得高于平均水平利润率的途径就是集中一点或产品差异化。**许多小公司由于没有较高的市场份额去争取低成本优势，必须通过差异化来抵消其成本劣势。**

（四）提高市场占有率的战略措施

1. 市场领导者战略

大多数的行业都存在一家大众熟悉的市场领导者企业。一般来讲，这家企业在相同的产品市场上拥有最大的市场占有率。它通常在价格调整、新产品导入、市场覆盖面及促销密度等方面领先其他企业。领导者也许受到赞许或尊敬，也可能不会；但不可否认的是，其他企业都知道它拥有主宰的地位。此领导者乃为竞争者的导向点，也是其他企业挑战、模仿或回避的对象。在国际市场上有一些较著名的市场领导者如通用汽车（汽车业）、柯达（摄影器材业）、IBM（电脑业）、P&G（消费性包装品业）、可口可乐（软性饮料业）、麦当劳（速食品业）、吉利（刮胡刀片业）等。

市场领导者战略的核心是保持其领导地位，要占据这一宝座，一般可采取三方面的行动：发现和扩大整个市场规模的途径，保护现有的市场份额，进一步扩大现有的市场份额。

第一，发现和扩大整个市场规模的途径。当整个市场扩张时，处于主导地位的企业通常可以获得最大的利益。一般而言，市场领导者应采用市场渗透策略和市场发展策略来寻找产品的新使用者、新用途以及更多的使用量。

所谓市场渗透策略是指采取积极的营销措施，在现有的市场中增加现有产品的销售。例如可设法更好地吸引产品使用者，使现在使用者使用更多量的产品。市场发展策略是指把现有产品推到新的市场，从而使该产品市场容量扩大，这种策略又可细分为地理扩张策略（即把产品推广到其他地区和国家）和新市场策略（即发现和推广现有产品的新用途，从而达到扩大销售量的目的）。可见采用以上策略是为了寻找新使用者、新用途和扩大使用量。

第二，保护现有市场份额。在努力扩大总市场规模的同时，处于统治地位的企业还必须时刻注意保护自己的现有业务不受竞争者侵犯。领导者有时就像一头大象，会遭受蜜蜂群的干扰，而最大的蜜蜂总是围绕在此领导者的四周发出嗡嗡声。例如，可口可乐公司必须不断维持警戒，对抗百

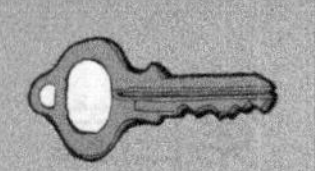

事可乐的随时攻击；吉利必须提防比克；麦当劳势必须提防汉堡包王；而通用汽车必须提防福特汽车公司。有时，市场上同时存在着数只巨大危险性的蜜蜂，这就更需要采取保护现有市场份额的策略。

第三，进一步扩大现有的市场份额。市场领导者可通过增加市场占有率来改善收益率，但如前分析，市场领导者必须比其他企业更注意最适市场占有率的问题。在此前提下，市场领导者可采取以下几项战略措施。

一是增加新产品。**研制新产品和出售新产品是提高市场占有率的重要手段**。根据市场战略对收益影响的有关调查资料，新产品在销售额中所占比例比竞争对手高或该比例有所增加时，市场占有率就增加。无论对已经形成还是开始形成的产品市场，革新产品都是广泛使用的战略。电子计算机与半导体工厂总是不断更新产品，不仅对性能如此，对体积以及多功能不断改良产品，如加工食品、日常生活用品、家庭用品的工厂也会定期创新、改革成分、香味、大小、包装刺激消费者。

二是提高企业与对手竞争的产品质量。开发新产品扩大市场占有率的战略渐渐扩大到对原有产品或劳务的改良方面。有些企业是经过一段缓慢过程对原有产品逐步改良的。例如，节省燃料的汽车是经过长期逐步改良成功的。小型化的家用电器、简单化的使用机械都曾经过一个改良的过程。

提高产品质量是扩大市场占有率的有力手段。由于质量因素而成功的产业可以举出日本的汽车、照相机、电子设备等。日本的彩色电视机比美国好，障碍率比美国低，所以日本彩色电视机市场占有率扩大是理所应当的。

提高质量扩大市场占有率并不是指豪华产品。美国一家汽车公司出售一种豪华的座车后，其市场占有率并未扩大。因为质量与美观一样，毕竟是相对的，大部分市场一般销售量最大的是中档商品，制造质量比其他企业产品好的中档商品出售是最重要的。1958 年美国一家制造圆珠笔的企业生产了一种价格为 19 美分的圆珠笔，而且质量比其他工厂产品好，销售十分成功。后来制造的一种 5 美元一支的高级圆珠笔就没有取得成功。

三是增加开拓市场费用。即推销员费用、广告费用、促进销售费用。这是扩大市场占有率战略的第三个因素。**与市场占有率增减关系最密切的**

是推销员费用。消费资料和生产资料企业的促进销售费用是扩大市场占有率的关键。但在经营原材料企业，促进销售费用的作用就不太明显，至于广告费用对经济消费资料企业扩大市场占有率，则可以做出很大贡献。在生产资料和原材料企业，广告费用在市场费用中所占比例不大，只是竞争的一种手段而已。

促进销售活动的方式很多，所以使用促进销售费用的方法也多种多样。以经营消费资料企业为例，一般采用临时降价、赠送样品、商品展销等方式，尤其在开始出售新产品期间。近年耐用消费品企业常用现金折扣的方法，生产资料企业常用赠送样品目录、对销售业给予佣金、暂时降价等方法促销。

2. 市场挑战者战略

这些挑战者企业大多是在本行业产品的销售额中处于前几名（如第二名、第三名、第四名等）的大公司，如美国的西屋公司、百事可乐公司就长期居于市场挑战者的地位。它们的营销战略目标主要是不断增加市场份额，因此，它无异于是向领袖企业发动攻势的战略，所以被称作市场挑战者策略。

第一，确定战略目标和竞争对手。市场挑战者首先必须确定其战略目标。大多数市场挑战者的战略目标是增加自己的市场占有率，并且认为增加市场占有率将会获得更大的利益。**目标的决定不管是要击垮竞争者或降低竞争者的市场占有率，都应考虑谁是竞争者**。基本上说，一个进攻者可在下列三种类型的企业中选择一种进行攻击：一是攻击市场领导者；二是攻击那些与自己规模相当，但经营不良且财务状况不佳的企业；三是攻击地方性或区域性的营运与财务状况均不佳的企业。

由此可知，选择竞争者与选择目标，是相互依存的。如果攻击的对象是针对市场领导者，则其目标可能是夺取某些市场占有率；若所攻击的对象为地方性的小企业，则其目标可能是将此小企业逐出市场。不论是在哪种情况下，最重要的原则依然是：每一项行动都必须指向一个明确规定的、决定性的以及可以达到的目标。

第二，选择进攻策略。在选定竞争对手和目标后，就应该考虑采用何种进攻策略了。这里特别是注意进攻中的“密集原则”，不能全面进攻，而是集中优势兵力在关键的时刻和地点进攻，以达到决定性的目的。为此，有以下五种进攻策略可以选择：

一是正面进攻策略。如果进攻者将其所有力量集中，并直接对竞争者的主力发动攻击，则称为发动正面进攻。这种企业策略是选择竞争对手最强的部分发动进攻，而非选择弱点加以进攻。

二是侧翼进攻策略。一个等待受攻击者往往是最强大的，但是在它的侧翼和后方也必然有不安全地带。因此，它的弱点（未防备的一面）自然就成为对手进攻的目标。侧翼攻击在营销上有极重大的意义，尤其是对那些资源较其竞争对手少的进攻者而言，假如他无法以强大的力量来战胜防御者，攻击者便可使用这种声东击西的方式来战胜防御者。

三是包围进攻策略。一方面，纯粹的侧翼进攻策略是指把行动的重点指向现行市场中竞争者领域里的空隙。然而，在另一方面，包围进攻乃企图贯穿敌人的市场领域而展开的行动。包围进攻是对敌人的各个方面发动进攻，迫使敌人必须同时防御其前后左右的战线。采取包围进攻的进攻者可以提供竞争者能提供的每一项产品，并比竞争者提供得更多、更好，使所提供的服务不会遭到拒绝。包围进攻策略意味着攻击者所拥有的资源优于竞争对手，并且深信能完全迅速地摧毁对手的抵抗意志。

我们必须再次强调，选用间接进攻方法的关键在于以市场区划细分化为基础，如果补缺空隙目前不存在，或者不能用区划细分化来创建市场空隙，那么，在进攻者心目中的侧翼进攻方法就会逐渐消失，而转为在市场上直接的正面进攻方法。当然，正面进攻要求进攻者有优于竞争者3倍以上的优势，才能成功。

四是迂回进攻策略。迂回是最间接的进攻策略，且避免有任何交战的行动直接指向敌人现有领域。这种进攻意味着迂回绕过敌人，并攻击较易取得的市场以扩展企业的资源基础。这种策略有三种途径可供采纳：发展不相关产品的多样化；在现有的产品下，进入新地理性市场的多样化；开发新技术以取代现有的产品。

五是游击进攻策略。游击进攻是进攻者的另一种选择，它对资本不足的小企业特别适用。游击战是对敌人各个不同的领域发动小型的间歇性攻击，其目的在于干扰并瓦解敌方的军心士气，达到巩固本身之永久性的立足点。采用游击战的进攻者可兼用传统与非传统两种方法来进攻竞争对手，这些方法包括：选择性地降价、加强促销活动以及配合法律的行动等。此种策略的重点在集中进攻力于一个较小的领域。

第三，适用于市场挑战者战略的特定营销策略。上述的进攻策略是概括性的，挑战者必须把几个特定策略组成一个总体策略，应用于市场营销活动中才能保证其战略的顺利实施。下面列举适用于进攻竞争地位的几种特定的营销策略。

一是价格折扣策略。**挑战者可以用较低的价格提供与领导者品质相当的产品**。当然，欲使价格折扣策略奏效，则必须符合下列三个条件：其一，挑战者必须使购买者相信该企业的产品与服务可以与市场领导者比美；其二，购买者对于价格差异必须具有敏感性，并且乐于转换供应商；其三，无论竞争者如何攻击，市场领导者决不降价。

二是廉价品策略。即提供中等或者质量稍低但价格低得很多的产品。这种战略只有在有足够数量的只对价格感兴趣的购买者的细分市场上是可行的。这种策略只能是过渡性的，因为产品质量不够高，通过这一策略造成的市场营销优势是不能持久的。**企业必须逐渐提高产品质量，才可能在长期内向领袖者挑战**。

三是名牌产品策略。即努力创造一种名优产品，虽然价格也较高，却更有可能将领袖者的同类产品的市场份额挤掉一部分。

四是产品扩散策略。即挑战者紧步领袖后尘，创制出许多不同种类的新产品，此即产品创新策略的变相形式。这种策略是否成功决定于新产品市场的预测是否合理，也决定于“领袖企业”和其他势均力敌的企业反应是否迅速和有效，以同样的策略和方法“回敬”该挑战者企业。

五是产品创新策略。前面的产品扩散策略主要是向广度发展的产品发展策略，而这里的产品创新策略主要是向深度发展的产品发展策略，即企业在其核心产品方面不断创新，精益求精。

六是降低制造成本的策略。这是一种结合定价策略、成本管理以及技术研究等因素的产品发展策略。挑战者可以靠有效的材料采购、较低的人工成本和更现代化的生产设备，来取得比它的竞争对手更低的制造成本，企业用较低的成本，实行更具进攻性的定价来获取市场份额。

七是改善服务策略。挑战者可以找到一些新的，或更好的服务方法来为顾客服务。

八是分销渠道创新策略。挑战者可以发现或发展一个新的分销渠道，以增加市场份额。

有些挑战者可依靠他们的广告和促销费用，向领导者发动进攻，当然这一策略的成功必须基于挑战者的产品或广告信息有着某些能胜过竞争对手的优越之处。

3. 市场追随者战略

并非所有屈居第二的企业都会向市场领导者发起挑战。领导者对于任何被抢走顾客的行动，是不会掉以轻心的。如果挑战者施展的手段仅限于降低价格、改善服务或增加产品的特色，那么市场领导者可以很迅速做到这些要求并瓦解敌方的行动。同时，领导者在一场全面战役中，往往具有更大的持续力。一场激烈的战争，其结果可能是两败俱伤，因此挑战者在发动攻击之前必须三思而行。除非挑战者能够以实质性的产品创新或在营销渠道方面有所突破，才能先发制人，否则挑战者通常宁愿追随领导者而不是去攻击它。

“意识平行”的形态在诸如钢铁、肥料和化学产品等资本密集且产品同质的行业中是普遍存在的。因为在这些行业中，产品差异化与形象差异化的机会很低，而服务的品质又相差不多，只有价格的敏感度比较高，因此，这些行业随时都有可能爆发价格战。弥漫于这些行业中的气氛是反对市场占有率的短期夺取，因为这种策略只会遭到报复。大部分的企业都决定不互相争夺彼此的顾客；相反的，他们通常都模仿领导者，而提供类似的产品或服务给购买者。因此，这些行业中的市场占有率往往呈现相当稳定的局面。

但这不是说市场追随者毫无策略可言。**一个市场追随者必须了解如何掌握现有的顾客，并且在新的顾客群中争取更多的顾客。**每一个追随者都应设法为其目标市场带来现实的利益——地理位置、服务、融资等。再者，由于追随者往往是挑战者的主要攻击目标，因此追随者必须随时保持低的制造成本以及高的产品品质与服务以免遭到攻击。此外，一旦有新市场出现，追随者更应该积极地进入该市场。不过，追随者并非只是被动模仿领导者；相反的，追随者必须自行决定一条不会引发报复的成长途径。

第一，追随者可选择的追随战略。按追随的紧密程度，追随者的具体策略列分为紧密追随、有距离追随和有选择追随。

第二，市场追随者可选择的营销策略。虽然市场追随者，占有的市场份额比领导者低，但他们可能赚钱，甚至可能赚得更多。有资料表明，采用市场追随者战略的企业，其报酬能超过本行业的平均水平。他们成功的关键在于正确地选择营销策略，具体表现为以下三种：

一是竞争导向定价策略。这种策略特别适用于紧密追随者，选用竞争导向定价，既有利于紧跟领导者，又不会与领导者发生直接的正面冲突。

二是市场发展策略。这种策略适用于有距离追随者。**选用这一策略既可减少对领导者的市场计划的干扰，又可依靠与同行业的小企业竞争而得到成长。**

三是市场细分化策略。这适用于有选择追随者。选择不同于领导者的市场区划，能避免与领导者直接发生冲突。追随者集中于某些区别，有效地研究和开发新产品，条件一旦成功，就有可能成为迂回进攻的挑战者。

4. 小区划补缺者战略

几乎每一个行业都有一些较小的企业，它们只专门服务于市场区划的某一部分。这些小企业并不会追逐整个市场或市场中的某个大区划，相反，其目标都在市场小区划或区划中的更小角落。这对小型企业而言是特别适用的，因为它们的资源往往是很有限的。但是，那些不能在行业中取得主要地位的大企业中的较小事业部也常常对此战略深感兴趣。

第一，小区划的选择。实施小区划补缺战略的企业或者大企业的某些事业部，应努力寻找一个或更多的安全和有利可图的市场小区划，或区划的某一部分作为其定位点。一般来讲，一个理想的补缺小区划有下列特点：

- 该补缺小区划有足够的规模和购买力，以便能从中获利；
- 该小区划有成长潜力，以便企业进一步发展；
- 该小区划对主要的竞争者不具吸引力；
- 企业拥有足够的技能和资源，可以有效地为该小区划服务；

●企业能够靠已建立的顾客信誉，保卫自身地位，对抗主要竞争者的进攻。

采取小区划补缺者战略也存在一些风险，这些风险主要是小区划可能会枯竭或受到攻击。这也是多重补缺小区划要比单一补缺小区划更受欢迎的原因。因此，企业可根据以上五个原则选择两个或多个的补缺小区划发展实力，增加自身的生存机会。

第二，补缺者的专业化要求。**小区划补缺战略的关键是专业化，企业必须在市场、顾客、产品或营销组合线上做到专业化。**可供补缺者采用的专业化角色如下。

●最终使用专家。企业专为某一类最终使用顾客提供服务。例如，一家律师事务所可以决定在刑事、民事或商事法庭市场，实施专业化服务。

●垂直层次专家。企业可以在生产、营销循环中的某一垂直层次中实施专业化。例如，一家铜器企业可以专注于粗铜、铜器零件或铜器制成品生产。

●顾客规模专家。企业可专注于向小型、中型或大型顾客销售产品。许多小区划补缺者专门服务于那些被主要企业忽略的小客户。

●特定顾客专家。企业可将其销售对象限制为一个或少数几个主要顾客。许多企业都将其所有的产品销售给一家特定的公司，如通用汽车公司。

●地理区域专家。企业仅在某一个地方、区域或世界上的某一区域进行销售。

●产品或产品线专家。企业只生产一种产品或一条产品线。例如，在实验室设备的行业中，有些企业只生产显微镜，或者只生产显微镜的镜片。

●产品特色专家。企业专精于某类产品的生产或具有某种特色的产品的生产。

●定制专家。企业只生产顾客订单指定的产品。

●质量与价格专家。企业在市场上的高级品或低级品中经营。

●服务专家。企业选择一种或多种其他企业所没有提供的服务，提供给顾客。例如，银行开办电话贷款服务，并将贷款送达顾客手中。

●渠道专家。企业只专门服务于一种销售渠道。例如，一家软性饮料公司决定只生产提供给加油站的超大容量的软性饮料。

第三，小区划补缺者的营销策略。**一些市场占有率较小的企业，往往可以通过有效的小区划补缺战略获得很大利润。**他们的成功往往取决于以下做法：

●企业的目标高度集中化，它们不愿意样样都干，而是在较狭窄的细分市场中，集中在一个较狭窄的产品线上。这是一种彻底细分市场的策略。

●正确选择补缺的目标市场。许多能盈利的补缺企业是在很稳定的低成长的市场上发现的。它们中的大多数只生产经常被购买的工业部件或供应品，这些企业不改变它们的产品，大部分产品都是标准化的，几乎不提供额外服务。在高价值附加行业中较易发现这些企业。

●有效地使用开发研究费，生产质量、价格相对是中、低档的产品，并具有这方面的声誉。

●注重实际收益，注意降低成本。小区划补缺者应十分重视实际收益，而不是过分注意销售增长率和市场占有率，补缺者的单位成本常常较低，因为它们集中在一个较狭窄的产品线上，在产品的研究和开发、新产品引入、广告、促销和销售队伍开支上往往花费较少。

五、竞争战略的风险分析

（一）竞争战略风险的产生

竞争战略的制定是基于对现有环境状况的正确分析，但由于客观存在的信息不对称现象，使得企业的竞争战略必然具有许多不确定性，这些不确定性就会导致风险。具体地说，竞争战略的风险有三种：选择竞争对手的风险、采用基本竞争战略的风险、夹在中间的风险。

1. 选择竞争对手的风险

企业在制定竞争战略时必须决策攻击或联合一系列竞争者的一部分或

其中之一。如强大和弱小的竞争者，紧密和松散的竞争者等等。

第一，强大和弱小的竞争者。许多公司关注攻击弱小的竞争者。这种战略需要的资源较少，时间较短。但是在攻击弱小竞争者的进程中，公司在能力的提高上收效甚微。**公司也应该与强大的竞争者进行竞争以保持竞争状态和竞争艺术**。而且，即使是强大的竞争者也有其弱点，公司可以成为有效和有价值的竞争者。

第二，紧密和松散的竞争者。许多公司和与自己最紧密的竞争者竞争。所以，克莱斯勒和福特竞争，而不是和豹牌竞争。同时，公司应该避免伤害紧密的竞争者。波特引用了一个例证：在隐形眼镜行业，鲍叶和罗姆斯公司在20世纪90年代后期采取了侵略性行动，如压价倾销等，从而获得了巨大成功。但是这种做法导致弱小的竞争者把公司卖给了大公司，如雷尔温、强生和谢林－普劳公司，随着资本向这些竞争者的注入，鲍叶和罗姆斯不得不应付一场激烈的战斗。在许多情况下，公司成功地攻击了紧密的对手，但却带来了更强硬的竞争者。

2. 采用基本竞争战略的风险

从根本上看，采用基本战略的风险有两种：一是未能形成或保持这种战略，二是既定战略带来的战略优势的价值会随着产业演变而变化。

第一，成本领先战略的风险。成本领先给公司带来要保持这一地位的沉重负担。这意味着要为设备现代化再投资，坚决放弃陈旧的资产，避免产品系列扩展，同时对技术上的进步保持敏感。**成本随累计产量的增加而下降绝不是自动出现的，也不是未经一定程度的努力就能使可能获得的规模经济轻易到手**。成本领先战略的风险包括：

- 技术上的变化将过去的投资与学到的经验一笔勾销。
- 产业的新加入者或追随者通过模仿或者以其对高技术水平设施的投资能力，用较低的成本进行学习。
- 由于将注意力放在成本上，因而无法看到所需产品或市场营销的变化。
- 成本膨胀削弱了公司保持足够价格差的能力，用以抵销竞争对手的品牌形象或其他产品差异努力的影响，需要设法保持足够的价格差。

第二，差异化战略的风险。差异化战略同样包含着一系列风险：

●实行低成本的竞争对手与实行了产品差异化方针的公司之间的成本差距过大，以致产品差异化不再能笼络住顾客。在这种情况下，买方会牺牲公司提供的某些产品差异化特性、服务或形象的诱惑，节省大笔开支。

●买方需要的差异化程度下降。当客户们变得更加精明时，就可能发生这种情形。

●模仿使已建立的差别缩小，随着产业的成熟，往往会发生这种情况。

公司的差异化优势通常只能在某一价格差范围内才能保持其优势地位。**因而，如果某个实行产品差异化的企业，由于技术变化的原因或仅仅因为不在意而使成本升得太高，则低成本的企业就处于可以大规模侵占的优势地位。**

第三，集中一点战略的风险。集中一点战略包括另外一系列风险：

●大范围提供服务的竞争对手与集中一点公司间的成本差距变大，从而使针对一个狭窄目标市场的服务丧失成本优势，或使集中一点产生的差异化优势被抵消。

●战略目标市场与整体市场之间对期待的产品或服务的差距缩小。

●竞争对手在战略目标市场中又找到细分市场，因而使集中一点显得不够集聚。

通用战略的风险可归纳如表4－3：

表4－3　基本战略的风险

成本领先的风险	差异化的风险	集中一点的风险
成本领先的地位无法保持： ●竞争厂商的模仿	差异化的形象无法保持 ●竞争厂商的模仿	集中一点的战略被人模仿 目标市场结构变得毫无吸引力

表4-3（续）

成本领先的风险	差异化的风险	集中一点的风险
●技术变革 ●成本领先地位的其他基础遭到削弱	●作为差异化形象的基础对客户的重要性下降	●结构被破坏 ●需求消失
差异化的相应地位丧失	成本中的相应地位丧失	广设目标的竞争厂商占领了部分市场 ●该部分市场和其他部分市场的区别缩小 ●多品种生产的优势增加
成本集中的厂商在部分市场上取得了更低的成本	差异化集中的厂商在部分市场上取得了更加差异化的形象	新的集中一点的厂商进一步使产业市场细分化

3. 夹在中间的风险

如果一个公司未能沿三个方向中的至少一个制定自己的竞争战略——即一个公司被夹在中间，这样的公司正处于极其糟糕的战略条件下：它缺少市场份额、资本投资和“打低成本牌”的决心，也不具备避免追求低成本地位而需要在全产业范围内标新立异，更没有在比较有限的范围内建立起产品差异化或低成本优势的目标集聚。

夹在中间的公司几乎注定是低利润的。这样的公司要么会失去要求低价格的大批量客户，要么必须为从低成本公司手中争夺生意而在竞争中丧失利润。然而它在高利润业务领域又无法战胜那些专攻高利润目标的，或实现了全面差异化的公司。夹在中间的公司也可能因为模糊不清的企业文化，或相互冲突的组织安排与激励系统而遭受种种麻烦。

夹在中间的公司必须做出一种根本性战略决策。或者，它必须采取必要的步骤实现成本领先，起码使成本水平与别人相当。这通常意味着积极的投资以实现现代化以及可能存在“买取”市场份额的必要性；抑或该公司需使自己面向某一特定目标（集中一点）或者使自己具有某些“独特性”（产品差异化）。后两种方案在很大程度上可能意味着要收缩市场份额甚至减少公司的绝对销售量。这些方案的选取必须基于公司的能力及限制条件。贯彻每一类基本战略都意味着投入不同的资源、力量、组织安排以及管理风格。一个公司适合三种基本战略的情况绝无仅有。

（二）竞争战略的竞争导向

竞争战略建立在公司自身和竞争者的博弈过程中——“知己知彼，百战不殆”。因此，竞争战略必须强调竞争导向、研究竞争者，进而提高战略决策的有效性，规避风险。

1. 判定竞争者的战略和目标

公司最近的竞争者是那些用与自己相同的战略服务于固定目标市场的公司。**在某一目标市场上采取同一战略的一组公司称为战略集团。公司必须首先确认自身竞争所处的战略集团。**

虽然同一战略集团内部的竞争非常激烈，但不同的战略集团通常也会成为竞争对手。这是由于如下原因：

- 某些战略集团都想争夺同一顾客群。
- 顾客可能不能充分认识到不同战略集团之间的差异。
- 每一个战略集团都要扩张其市场份额，特别是公司间在规模和力量上相当平均且战略集团之间的移动障碍较低时。

公司必须持续地监控其竞争者的战略。拥有资源的竞争者会随着时间的推移修正他们的战略。例如，福特公司曾经成功地以低成本生产汽车而成为早期的获胜者。后来通用汽车公司由于适应了顾客对多样化的需求而超越了福特公司。再后来，日本的竞争者由于能提供节省燃料的汽车而取得了领导地位。显然，公司必须时刻警觉顾客需求的变化以及竞争者如何修正其战略以满足出现的需求。

一旦公司确认其主要竞争者和他们的战略，就必须追问：每一个竞争者将在市场上取得什么位置？影响每一个竞争者行为的因素是什么？

一个有意义的前提假设是竞争者追求利润最大化。但是，公司在对待短期利润和长期利润的权重上有所不同。而且，一些公司改变了他们的追求：围绕满意利润而不是最大化——他们设置了利润目标，并在实现目标后感到满意，甚至在他们原本可以采取其他战略或其他努力获得更多利润时也是如此。

另一替代假设是每一竞争者追求一种目标组合：当前的利润率、市场份额的增长、现金流、技术领先、服务领先等。知道竞争者如何权衡每一目标可以帮助公司确认竞争者是否满意他们现有的财务状况，竞争者会如何发起竞争等。例如，追求成本领先的竞争者对显著的成本降低会反应强烈，而对广告预算上升比较冷漠。

竞争者的目标可以根据许多因素进行刻画。如规模、历史、现在的管理状况、财务状况等。而且，公司也应该监控竞争者的扩张计划，从而判定竞争的发展态势。

2. 监控关键变量评价竞争者的弱点

竞争者是否能实现其战略和达到其目标取决于竞争者的资源和能力。总体上讲，每一家公司在分析其竞争者时应该监控三个变量：

- 市场份额：指竞争者在目标市场上的份额。
- 意识份额：指顾客在回答“说出这个行业的第一家公司”时提到竞争者的百分比。
- 倾向份额：指顾客在回答“你愿意从哪家公司购买产品”时提到竞争者的百分比。

显然，在意愿份额和倾向份额上获得稳定增长的公司将不可避免地在市场份额和利润率上获得增长。

在确认竞争者的弱点时，公司应当判定竞争者对其业务的假设。有些竞争者坚信要在生产行业中达到最高的质量标准，而实际却不是如此，许多公司错误地抱定传统的想法，如“顾客倾向于产品较全的公司”“销售力量是唯一重要的营销工具”和“顾客评价价值胜过价格”。如果公司知道竞争者正按某种错误的假设行事时，公司将处于有利地位，并从中获得利益。

3. 评估竞争者响应模式

确认竞争者的目标及其监控变量和弱点有助于公司预测竞争者的响应模式。绝大多数竞争者有以下四种响应模式：

第一，冷漠型竞争者。竞争者对对手的举措反应并不迅速或有力的。

例如，当米勒公司在20世纪70年代后期引入淡啤酒时，Anheuser-Busch仍以啤酒行业领导者自居而不予理睬。后来，当米勒公司在市场上更加富有侵略性并且宣称其淡啤酒已占到60%市场份额时，Anheuser-Busch才开发自己的淡啤酒。

对竞争对手的举措缺乏响应的原因有许多，中冷漠型竞争者可能认为他们的顾客忠诚度高，他们可能在该业务领域挤取利润；他们可能对对手的行动缺乏注意，缺乏相应的资金支持等，对此，对手必须评估竞争者采取冷漠行为的原因。

第二，选择型竞争者。竞争者只对某些攻击做出响应而忽视其他攻击。比如可能对削价进行反应而对广告费用增加置之不理。石油公司如壳牌和埃克森都是选择型竞争者，他们只对竞争者削价做出反应，而忽视对手的促销。知道关键竞争者对其对手如何反应可以确定最可能的攻击线。

第三，强硬型竞争者。竞争者对其领域受到的任何打击均做出迅即和强有力的响应。其他公司最好不要攻击强硬型竞争者，因为它会战斗到底。宝洁公司（P&G）从不让一种新洗衣粉轻易进入市场。

第四，随机型竞争者。竞争者并不展示出可预见的响应模式。这种竞争者根据特定的环境可能会，也可能不会做出反应，仅依靠其所处的经济地位、历史和其他信息并不能预计它会如何反应。许多小公司是随机型竞争者，如果他们能负担一场战争，他们就会在某些前沿进行竞争。如果竞争费用过于昂贵，他们就会放弃响应。

（三）一种新兴面对竞争者的战略技术：定点超越

竞争战略的风险源于信息不对称和环境变化，以及与竞争者复杂的博弈过程。为了降低竞争战略决策时的风险，国外企业界兴起了定点超越战略技术。

1. 定点超越战略技术的基本含义

定点超越是20世纪80年代后期在国外兴起的一种新的经营管理方法。最初，它是由一些大公司为了满足其谋求持续发展和盈利的需要而提出并实施的，其宗旨是保持发展和追求完美。定点超越的基本含义是：为了保

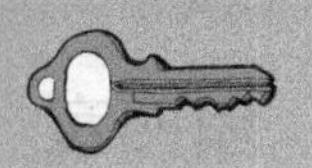

持企业的持续发展而将企业的内部行为及其运作过程和管理过程进行客观分析，在此基础上，建立一个参照点——选择并确定企业的目标竞争对手（可能是行业中的竞争领先者，也可能是行业中的其他竞争者，或是行业外的某一个一流竞争领先者），将本企业的竞争实力与目标竞争对手进行对比分析，评价企业自身与目标竞争对手的竞争战略、竞争力水平及竞争优势的差距，将其已取得的成就作为本企业的竞争目标，并将其成功经验引入本企业竞争战略中，在此基础上，形成和实现企业的竞争优势，提高企业的市场竞争力水平，超越目标竞争对手，促进企业的发展，并实现企业追求完美的愿望。

定点超越建立在观察、确定、分析、对比目标竞争者的基础上，减少了战略决策中的不确定性，降低了风险。最早实施这一战略并获得成功的是复印机生产行业的施乐公司，该公司成功地将其运用于与日本同行的竞争中。该公司的首席执行官戴维·T. 科纳斯这样评价定点超越："它是一个不断地和竞争对手及行业中最优秀公司比较实力、衡量差距的过程，是将我们的注意力由削减价格、控制支出等方面，移向外部，去了解和关注那些真正为消费者所关注的内容的过程。"

2. 定点超越战略技术的核心思路

定点超越以保持和实现企业竞争优势为目的，更明确地指出了企业的竞争动态。其核心思路可归纳为如下几点：

第一，知己知彼。知己，是企业参与市场竞争时必须首先对自身的竞争能力有一个正确的自我识别，了解自身的竞争优势及弱点，如了解在当前竞争力水平上，企业在市场上所处的竞争地位。知彼，就是要同样了解竞争对手，了解他们的优劣势和竞争地位高低，在此基础上，将自己和竞争对手加以全面的分析比较。

第二，取长补短。**比较只是一种分析手段，并不是一种目的。**比较的目的是为了能学习和引进定点竞争者优先于企业的成功因素，这是 种少走弯路、扬长避短的有效方法。通过学习，企业在竞争中在保持已有的竞争优势的基础上又可赢得更多的优势，企业的市场竞争力也会随之增强。

第三，互惠互利。这也是定点超越与传统的竞争者分析方法之区别所在。定点超越是公开和正当的竞争分析活动，它更强调竞争各方在竞争过程中的互惠互利和互助互补。优胜劣汰的竞争法则是严酷的，但现代竞争应超越尔虞我诈的原始竞争形态，彼此促进，并维护竞争双方共同的生存空间。为此，要坚持三项原则：一是友好相处，二是互帮互利，三是优势互补。

第四，领先一步。通过学习，企业缩短了与定点竞争者的距离，实现和保持了竞争优势。随着企业市场竞争力水平的不断提高，企业应该及时调整其定点竞争目标，超越竞争对手，向更高目标挑战，争取领先一步，成为行业中的竞争领先者。**当然，并不是所有的企业都能最终成为领先者，但企业至少应在某一方面拥有超越对手的优势与能力，这是企业在竞争中实现长期生存与发展的基本立足点。**

4. 定点超越战略技术的实施

实施定点超越战略技术通常遵循如下几个步骤：

- 确定准备比较的内容和基准；
- 确定测量的关键变量；
- 寻找在该方面表现一流的对象；
- 测量该对象的经营业绩；
- 测量本公司的业绩；
- 制订缩小差距的项目和条件；
- 修正和监控结果。

定点超越要求寻找到在某一方面表现最佳的公司，并通过询问顾客、供应商和分销商将竞争者进行排序。同时，许多咨询公司也常常提供这类服务，因为他们拥有大量的资料和经验。为了控制成本，公司应该关注那些对顾客满意度和公司成本有重大影响的方面，并且经过改进后，这些方面要有显著提高。

企业协作战略

随着企业经营压力的增加，协作成了一种有益的战略选择。但成功联盟并非易事，它不仅要有坚实的合作基础，还要保证战略、运作和规模上的充分协调。

——〔美〕保罗·盖蒂

一、企业协作战略的意义与方式

（一）企业协作的利益动机

21世纪以来，经济飞速发展，市场竞争不断加剧，企业为了争夺有限的资源和市场展开了殊死的搏斗，有些企业在经历了一番激烈的较量以后生存下来，但是也付出了惨重的代价；有些企业在竞争中被淘汰，但是也给对手以重创。竞争带来了经济的发展，带动企业不断创新和进步，但也不可避免地造成了一些浪费和损失。

在此形势下，许多企业不得不把生存放在第一位，以各种方式对外展开协作，保证自身的原料、技术、产品和市场。通过协作，避免一些公开的竞争，各自保障自身的利益。

企业通过各种形式的协作，首先，可以使浪费性的竞争减少，避免出现竞争双方两败俱伤的局面，使企业获利增加，省去了不少竞争方面的费用。其次，通过协作建立的大规模、专业化的分工体系，可以靠规模效益使经营更加经济，并使各协作单位分享规模经济带来的利益。

协作产生的根源在于通过专业化分工，发挥各自的相对优势，以求达到最佳的经济效益。一个企业在发挥自身优势的同时，还必须利用其他企业的优势，才能更好地为自身的经济利益服务。社会化大生产，既需要有专业化分工，同时也需要广泛的社会协作。协作的要求在于利用其他企业的相对优势，弥补自己的相对劣势，以更好地为企业发展服务。

一个成功的企业不一定是功能齐全、优势全面的，它还必须善于利用企业外部的各种资源来弥补自身的不足。例如，一些中小型企业放弃发展内部的研究与开发力量，而把精力放在捕捉外部新产品开发的信息上，通过技术转让等将其转化为自己的产品，以发挥其灵活、快速的优势。一些大中型企业有时则进行一些联合开发，使各自的技术优势均得以充分发挥，这是技术上的协作。

从协作的内容上看，除了技术上的协作以外，还有管理上的协作、产品上的协作和组织上的协作等。**所谓管理上的协作，是指企业通过各种方式学习其他企业先进的管理经验**。有些企业加入行会，实行行会通行的基本管理模式，学习、交流行会内部的管理经验；有些企业通过对口交流，具体的协议，交换管理人员，相互学习对方企业的管理经验和风格。产品上的协作一般是企业将产品的一部分转移给其他企业，以实现充分发挥企业的生产能力，转移污染生产，扩大市场占有率等目的，如上海飞机制造厂为美国麦道公司生产 MD－82 飞机。组织上的协作一般由某些相同属性的企业，建立同一个组织完成共同的任务，如技术相同的企业为共同发展某项技术而成立一个组织，产品相同的企业为避免竞争而统一成立销售部统一销售产品等。

协作的方式多种多样，内容也各有差异，而股权投资方式的出现也使协作与联合的界限变得模糊不清了，通过资金上的结合，使较为松散的协作关系更加紧密，而一旦股权投资达到控股比例，这种协作关系实际上就意味着走向联合，企业由此实现一体化的经营模式。但是，这种关系又不是很稳固，企业完全可以根据自身的利益定位格局灵活选择投资对象，好比企业自由选择原料一样。

（二）企业协作的方式

企业协作，是以企业法人为主体而形成的企业间相互配合、密切联系的企业经营关系体。其协作方式主要有以下两种：

1. 协约式合作

协约式合作，即由同类性质的企业为避免彼此竞争起见，对进货、售价、销路、产量等，互相协定，以达到共同获利的目的，具体方式如下：

第一，卡特尔（Cartel）。卡特尔是由同类性质的企业，为避免同业竞争，提高利润，对于进货、售价、销路、产量，在一定时期内，采取一致行动的企业合作形式。这种方式，又称企业联盟，参加与否，概可听便。而各个加盟的企业，在经营上，除了互相协定的部分受到盟约的限制外，其他部分仍可自由经营，故加盟的各企业仍有独立性。

第二，辛迪加（Syndicate）。辛迪加是由参加的各企业共同设立推销部，所得利润按参加辛迪加的各企业的产量分配的组织形式。这种形式很不稳定，因为它常引起各成员企业之间的产量竞争，最终将趋于瓦解，它是一种较为特殊的企业协作形式。

2. 股权式联营

股权联营，即企业间通过参股或控股的方式进行的一种协作。一般又可分为以下两种具体形式。

第一，托拉斯（Trust）。托拉斯是由同类或有连带关系的不同类型企业，以独占市场、增加利润为目的的企业联合。在这种形式下，各有关企业的股东须签订“托拉斯”契约，将其所有的股票转让给“托拉斯委员会”（Board of Trustees），托拉斯委员会持有各有关公司的股票后，即视独占市场收益的多寡加入资产价值，并另发行超过各企业股票原有价值的“托拉斯公司股票”给股东，作为分配收益的依据；而这种高估价值的股份，俗称“水股”。**可见，托拉斯并不是普通公司股票的转让，也不是公司本身的合并，而只是公司经营政策的合并而已。**

第二，控股公司（股权公司）。控股公司又称股权公司。这种形式往往是由中心人物事先设立一个具有雄厚资本的母公司或支配公司，运用各种方法向市场收买他公司股票，或以本公司股票与他公司交换，一定使母公司持有他公司多数以上的股份。然后，凭其持有该公司的多数股份，使母公司的股东或高级职员获选该公司董事，从而达到控制该公司的目的。这样，被控制的公司称为子公司或附属公司，其表面上仍是一个独立的企业，但实际上则是一个被控制的企业，是和母公司保持统一经营政策的联合体的一部分。

（三）企业协作战略选择的原则

现代企业的协作观念变得更加广泛，协作的方式和内容也越来越多，协作与联合的界限越来越模糊。例如，原外购原料现改为自制，可以不增加固定资产来组织生产，而只是通过股权投资来参与管理。当然，股权投资更主要的目的在于投资增值，减少风险，但如果能产生连带作用岂不是更好吗？由于协作问题的复杂性，在协作战略的选择上我们应树立以下指导思想：

第一，在不影响企业自身独立生存能力的前提下，遵循经济发展的内在要求，树立协作观念，多依靠外部力量更好地为企业服务，以使企业在经济萧条时期能在更大范围内实现自制，或是使中小企业保留一定程度的技术力量。

第二，企业必须具有优秀的公共关系能力和良好的社会形象，必须有广泛的信息来源和敏锐的分析判断能力。这是协作决策应具备的最基本要素。具备了这样的能力，协作策略的选择就非常简单。

第三，企业必须将协作策略的选择放在战略的高度，进行综合评判，必须将某一具体的策略选择与企业发展的总体战略结合在一起，把企业现有的生存能力与长远的发展能力结合起来，把企业外部资源的利用与企业内部资源的发挥相结合。

第四，企业要以经济效益为决策依据，在具体协作方式和内容的选择上，尽可能结合一些定量分析，做出合理的决策。

二、企业集团战略

企业集团战略是协作战略中一种最主要的实现方式。

（一）企业集团的概念和特征

企业集团是企业联合的高级形态，它是以一个或若干个大中型企业为核心，以名优特畅销产品为龙头，在生产、技术、经营上有关联的企业、科研单位及经营组织，在平等自愿、互惠互利原则基础上进行多层次、多形式联合而成的经济联合组织。企业集团具有以下四个特征：

1. 集团由若干独立企业组成

一个企业集团必须由若干个独立的企业所组成，不能是一个大型企业。企业集团内每个成员都具有独立的法人地位，企业集团则是这些法人的联合体，这是企业集团区别于单个大型企业的主要特征。

2. 集团具有多层次组织结构

企业集团必须具有多层次组织结构：一是集团核心，即具有母公司性质的集团公司；二是紧密层，由集团公司控股的子公司组成；三是半紧密层，由集团公司参股企业组成；四是松散层，由承认集团章程与集团公司有互惠性稳定协作关系的关联企业组成。具有前两个层次即可成为企业集团，具有四个层次可以使企业集团发挥更大的作用。

3. 集团是通过契约联结的有机整体

组成一个企业集团的若干个企业，必须要由一定的纽带联结，形成一个有机整体。集团公司与紧密层、半紧密层企业的联结纽带应是资产纽带，通过控股、参股来实现。**集团公司与松散层企业的联结纽带主要是契约纽带，包括具有法律效力的合同、协议及章程等。**

4. 集团的核心具有法人地位

企业集团的核心——集团公司，必须具有法人地位，必须具有一定的经济实力，必须拥有一定数量的子公司，必须具有投资中心的功能，如果不具备以上四个条件，就不能称之为集团公司。集团公司与企业集团不能混为一谈，拥有若干子公司的母公司称为集团公司，集团公司连同控股公司、参股公司和关联企业的总体，称为企业集团。

由以上四个基本特征可以看出，企业集团是建立在法人持股的股份制基础上，以一个或若干个实力雄厚的大企业为核心，用一定的纽带把众多企业联结在一起的多层次的法人联合体。

（二）企业集团的类型

目前我国各地区、各行业组建的各种企业集团，尚无统一方法和标准对其进行规范化分类，因此人们从不同角度、用不同方法将我国企业集团划分为许多类型，其分类方法相互交叉。根据我国企业集团组建的实际情况，我们提出将我国企业集团按以下两种方法进行分类：

第一种分类方法是按企业集团的联结纽带进行分类，可以把企业集团分为两种类型。

一是以资金为主要联结纽带的股份制企业集团。实践证明，资金联合是集团成员企业齐心合力的基础，只有实行资金联合，才能形成较强的凝聚力，用股份制方法组建企业集团才是企业集团完善及健康发展的成功之路。

二是以经济合同和技术协议等契约形式为联结纽带的非股份制企业集团，这种企业集团由于在产权关系及相应的权利关系上缺乏科学的处理方法，难以形成集聚优势，应促其向股份制企业集团转化。

第二种分类方法是按组建的目的和功能进行分类，可以把企业集团分成八种类型。

一是产品配套协作型。它以大型骨干企业的名优产品为龙头，把一批生产同类产品的企业和生产零件的企业组织起来，形成以主导企业为核心、具有适度规模经济的企业集团，如熊猫电子集团。

二是项目成套型。它是为保证大型建设项目所需设备的成套性而组建的企业集团，如东方电站成套设备集团。

三是产供销结合型。它以最终产品为纽带，将原料供应、生产、销售等各种企业结合在一起，组建成企业集团，如杭州兔毛纺织品集团。

四是科研开发型。它是为推进高技术产业发展而组建的企业集团，这种集团在电子行业较多，它们一般是以具有强大科技力量的电子企业或重点科研单位为核心，以高技术产品开发为目标，联合一批相关企业及科研单位组成企业集团，如华晶电子集团。

五是资源综合利用型。它是为综合利用资源和发展深度加工而组建的企业集团，如上海高桥地区由炼油、化工、轻工、电力等 7 个相关企业组成的上海高桥石油化学工业公司。

六是外向型。它是为推进外向型经济发展而组建的企业集团，如厦门华夏电子集团、深圳赛格集团。

七是技工贸型。它是以大型骨干企业或科研设计单位为主体，联合一批相关的工商贸易企业，吸收金融企业参加，形成集团的联合优势，如中山集团。

八是服务型。它是由科研、设计、工具制造、工艺生产、设备租赁和修理等企事业单位联合而成，为各类企业提供某几项服务的企业集团。

以上是按不同划分标准对集团模式进行的分类。由于划分标志是从某个特定角度出发的，因而两种分类方法存在某种交叉。**选择企业集团模式时，要先从不同角度出发，选好基本的类型，然后再加以组合。**为了在众多可选的企业集团模式中选出最恰当的模式，决策者要考虑以下四个因素：

第一，企业集团主要骨干企业的生产技术特点。不同的企业生产特点不同，在很大程度上导致了集团模式选择的不同。

第二，集团的原材料供应和市场状况。这个因素对企业集团的地域分布影响很大，因为原材料供应状况及市场状况，关系到采用地区性还是全国性乃至跨国型企业集团模式的问题。

第三，核心企业的实力和影响力。若核心企业的实力强，影响力大，则它可以和较多的企业形成比较紧密的联合，经营领域也可以扩大到更多的行业和部门，融通更多的资金，进行规模较大的经营；反之，企业集团的规模就不可能很大。

第四，集团所具有的管理能力。**所谓管理能力是指集团的组织协调能力和领导指挥能力。**如果集团管理能力强，则企业集团可以涉及部门多些，地域跨度大些，紧密联合的企业多些；反之，管理能力弱，则上述一切就不太容易做到，因此集团管理能力的大小决定了集团模式的不同。

（三）企业集团成员的选择

在组建企业集团时能否选择好成员企业也是决定企业集团今后能否健康发展的重要问题，该吸收的企业没有吸收进来，会影响企业集团的实力，将来还有可能成为集团的竞争对手；不该吸收的吸收进来了，更会影响企业集团的巩固及实力，而且吸收容易清退难，其后果更糟。因此，掌握好成员企业应当具备的条件是关键。作为成员企业，至少应具备以下四个条件：

- 能够开展正常的生产经营活动；
- 与集团有生产经营上的联系；
- 企业的上级主管部门已经同意其参加企业集团；
- 应当具有某种互补优势，使集团经营取得比单个企业经营更好的经济效益。

在选择核心成员企业时必然会出现两种情况，一种是优－优组合，另一种是优－劣组合（或优－中－劣组合）。就其实现的可能性来讲，优－优组合实现的可能性是存在的，但比较小，主要是因为优势企业生产经营条件较好，对联合后所取得的效益期望值较高，但集团刚开始运行时一般不会立即取得较高效益，而其上级主管部门也舍不得让它出去与其他核心企业实现跨地区的紧密联合，这些都会成为优－优组合时的障碍，只有当这种组合能够给企业带来相当高的利益，并能处理好与上级主管部门的利益关系时才可能实现。而优－劣组合实现的可能性很大，因为劣势企业迫切希望通过与优势企业的联合，摆脱困境、寻找出路，而上级主管部门也支持劣势企业去找“靠山”，我国现实情况也是如此。

另外，优－优组合如果其内部关系处理得较好，则可以在较高起点上实现较快的发展，应当说这是比较理想的联合方案，但如果关系处理不好，甚至出现两虎相争的局面，反而会把优势抵消掉。实行优－劣组合时，优势企业会输出技术和管理，甚至出资帮助劣势企业恢复生机，集团的经济效益在开始时不会太好，但在经过一段时间后也会逐渐由弱变强，对那些劣势企业来说，联合后会使其较快地提高技术和管理水平，集团的效益也会逐渐提高，当然，也有劣势企业在集团提高效益之后，便要离开集团而企图“单飞”了。

就管理基础而言，优－优组合会比优－劣组合好；但从心理障碍来说，有时优－优组合反而会比优－劣组合大。从企业文化角度来看，优－优组合的两个企业素质可能都较高，因此它们的联合从企业文化上来说比较容易；优－劣组合由于两个企业的素质及文化差距可能较大，因此企业文化的融合较为困难。

综合上述，两种组合的优劣不是绝对的，究竟选择哪种组合，需视当时当地具体情况而定，成功的企业集团战略实践经验告诉我们，只要成员企业选得合适，哪种组合就可以取得成功；选得不合适，哪种组合就会出问题。

（四）企业集团规模的选择

企业集团的主要优势之一，就是它要比单个企业具有更大的规模优

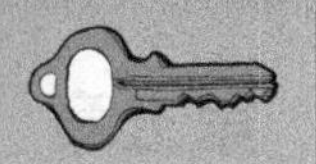

势，能使集团提供全系列互补产品供用户选择，使其在竞争中占有更大的优势；由于其规模大，能使集团吸收更多的企业，减少现实的竞争对手并获得新的市场面，提高市场占有率；由于其规模大，能使集团在社会上获得较高声望，从政府那里得到更多的政策支持。当然规模经济的优势不是绝对的，一旦超过一定范围的界限，规模过大反而会使成本上升、管理混乱、集团优势减退，在现实社会中，这方面的教训是深刻的，因此必须把企业集团的规模保持在合理的范围内。当然，在企业集团不同的发展时期，规模变化的速度不同。一般在集团初建时期，其规模扩展较慢；在集团快速发展时期，其规模出现急剧扩展的势头，成员企业增加，其生产经营能力成倍提高；在集团稳定发展时期，其扩展速度已减缓，集团规模逐步趋向高水平上的合理化。以上是企业集团在不同发展阶段中表现出来的一般规律，掌握这一规律将有助于我们正确确定不同时期发展规模的战略方针。**企业集团的合理规模取决于集团内部及外部的影响因素。**

1. 内部影响因素

第一，企业集团的总体战略。美国管理学家 P. 德鲁克认为企业战略决定了企业规模，这个观点对于认识企业集团战略与其规模的关系也同样适用，战略对集团规模的影响是全面的。

第二，集团行业特点。这方面的特点规定了企业规模的大小，进而影响了集团规模的大小。

第三，成员企业地域分布状况。如果核心企业能够就近找到较多可以紧密联合的企业，它的规模就可能扩展得较大。

2. 外部影响因素

第一，市场需求。市场需求增长幅度决定了集团规模扩大的程度，当然仅仅看到某一时期的总需求的旺盛是不够的，要充分估计到这种需求高涨能够持续多长时间。

第二，资源的供应情况。资源对规模的影响是一个刚性的制约因素，而各行业及各集团的原材料、技术、资金、劳动力供应渠道不同，国家政策不同，因而其影响程度也不同。

第三，基础设施及地理自然状况。例如生产及生活设施、交通运输、水电供应、通信条件、气候、自然地理位置等都会影响企业集团的规模。

我国现有企业集团数不少，但规模普遍较小，即使是大型企业集团，与国外的大型企业集团比较，规模仍然算较小的，因此它们都有很大的发展潜力。我国仍处于由传统产业向现代化产业过渡时期，某些被西方称为夕阳工业的产业，如钢铁、汽车制造、重化工等在我国仍需大力发展，而这些产业只有大型化才能取得规模经济效益。我国在产业组织结构上应克服这些产业的小型化、分散化的弊病，相信经济体制改革的深化将为我国企业集团向大型化发展创造良好条件。

三、企业战略联盟

企业战略联盟作为协作战略的另一种实现方式，对企业成功地进行战略选择和实施有着极其重要的作用。

（一）战略联盟的含义和建立的动因

1. 战略联盟的含义

广义上讲，战略联盟就是两个或两个以上经营实体之间为了达到某种战略目的而建立的一种合作关系。**因此，战略联盟的主要特点是：战略联盟必须是两个或两个以上的实体在相对独立的前提下的合作。合并或兼并就意味着战略联盟的结束**。建立战略联盟的企业都有明确的战略目的，但是各自的战略目的不一定相同。战略联盟是以互利为基础的，但是各个伙伴从联盟得到的好处并不一定是完全对等的。

战略联盟可以发生在两个或两个以上企业的各个活动领域，也可以局限于某一个具体的活动领域，例如研究开发、生产、营销、采购等。建立战略联盟的方式是多种多样的，包括短期的松散型合作和长期的资本联结。战略联盟可以是强强联合，也可以是强弱联合。战略联盟可以是横向的，也可以是纵向的，甚至是网状的。战略联盟的目的和方式会随着环境的变化和竞争的需要而进行动态的调整。

2. 建立战略联盟的动因

一般来讲，企业建立战略联盟的动因有以下几个：

第一，防御。当合作的业务是公司业务组合中的核心，并且公司在行业中处于相对领导地位时，该公司建立战略联盟的动机就是为了防御。从这一动机出发，企业便有两个直接目的：获得市场和技术以及保证资源。例如，IBM 过去总是拒绝加入战略联盟，现在却参与了许多合作，合作伙伴大多为小公司，致力于专业化的软件开发。

为确保原材料的供给，也有必要建立防御性的战略联盟。这就是许多跨国公司在发展中国家建立战略联盟的原因之一。许多著名的日本公司在东南亚建立了战略联盟，就是出于这样的考虑。

第二，追赶。当合作业务仍是公司业务组合中的核心领域，但该公司却只是一个市场追随者时，战略联盟的主要动机往往是为了追赶。对于这个公司而言，强化其竞争地位获得生存，是至关重要的。在此情况下，战略联盟可能是唯一的现实选择（除了完全出售）。瑞典汽车制造商 SAAB 公司与美国通用汽车公司的战略联盟就是这样的例子。对于这样的战略联盟，我们需要注意的另一个侧面是由于这些公司对企业的核心战略缺乏完全的控制，所以完全的自主权也就得不到保证。

第三，维持。当合作的业务是公司业务组合中的次要部分，而该公司又是市场领导者时，该公司建立战略联盟的主要动机将是维持该业务的原有市场地位。在这种情况下，该公司可能会决定建立战略联盟，以获得最高的效率。

一个公司为了不被赶出某一个国家的市场，就必须放弃对公司的完全所有权，寻找一个当地的合作伙伴。以 IBM 为例，相反，它原来在印度有一个子公司，由于拒绝与当地的伙伴合作而最终不得不退出印度市场。进入一个特定的市场并确保能存在下去，从而为公司的全球经营服务，即是以项目为基础的合资企业型战略联盟。

第四，重组。如果公司只是一个市场追随者，合作的业务对母公司的业务组合又不太重要，那么在这种情况下，联盟的目的也就变成了为了创造一些优势和价值，母公司必须能够放弃该业务，重组企业。

（二）战略联盟的优势

战略联盟的好处很多，但最主要的是可以分散风险和分享资源，以及减少新产品、新技术开发和进入市场的时间。**通过合作，公司能够在技术研究开发、技能、产品、市场占有、生产能力等方面实现互补，以增强每一位伙伴的竞争力。**

战略联盟在下列情况下被采用的可能性最大：当新产品进入市场需要大量的资金和承担巨大风险的时候，尤其是信息技术、通信、电子、重型设备、化学制品、制药、自动化以及航天行业。下面我们将列出主要的原因，解释为什么一些跨国公司会选择战略联盟。

1. 成为全球市场的领导者

美国杜邦公司一向是以自己干为传统的，但仍然将其 OnticaiMectia 分部与飞利浦公司按各占 50% 的比例建立了合资企业，专门生产音响、影碟机及数据处理设备使用的光盘。合资企业目标是到 1990 年通过提供各种产品，使销售额达到 40 亿美元，从而主宰全球市场。

2. 保护自己对国内市场的占有

当西屋电气公司的竞争对手组成一个战略联盟时，它们能够以很低的价格提供更先进的技术。西屋公司曾经被迫退出市场容量为 1.75 亿美元的高压电路断路器市场，它原先的市场份额约为 40%。与日本三菱公司建立合资企业一年之后，西屋电气公司不仅以一流的产品重新夺回了市场份额，还增加了 15% 的市场占有率。

3. 应付迅速整合的技术和市场

例如，前飞利浦公司总裁 Wisse Dekker 说：“各类学科技术的迅速整合需要更加广泛的专家合作。鉴于各种技术的复杂性和成本问题，一个公司已经几乎不可能单独应付迅速出现的整合技术的要求。”

4. 满足顾客不断变化的需求

例如，在办公室自动化方面，过去企业是从不同的公司购买不同的设备，但现在它们希望有一个系统的解决办法，即希望从同一个公司购买各种设备。由此，西门子公司通过建立广泛的合作关系，向顾客提供各种各样的通信和办公自动化产品。在信息和数据处理行业，西门子与富士通公司长期合作，在办公自动化方面，则长期与施乐公司合作。

5. 缩短产品进入期

在许多市场，第一个推出新产品的公司往往会获得市场支配地位，并且很可能在别的竞争对手降价或专利过期之前，就已经收回了产品开发的投资。这一点在半导体行业尤为明显。前西门子公司的总经理和咨询公司经理认为，西门子－东芝公司的合作就表明了战略联盟对打开市场的重要性（东芝公司将一兆芯片的设计和制造技术转移给了西门子）。毋庸置疑，西门子公司可能会在一年之后独立开发出这种产品，但那时价格会跌，利润也会下降。所以，失败者往往是那些进入市场太迟的公司。

（三）战略联盟的形式

由于合作者的目的和目标不同，管理者可以从各种不同的战略联盟形式中做出选择。一般来讲，协作战略下的战略联盟有以下几种具体形式。

1. 合资型联盟

合资型联盟可以定义为各自拥有资产的多个独立法律实体间，通过股权参与方式而成立一个实体的合作。合作的范围可以限制在一个领域，或者涉及从研究开发到生产的更广泛领域。

2. 职能型战略联盟

这种战略联盟是由两个或两个以上公司通过签订协议，在一个具体的职能领域进行合作，如研究与开发、营销、生产制造、分销等。这种联盟并不创造新的实体，而且很少会涉及一个大型合资企业的各种职能活动。下面是一些典型的职能型战略联盟：

第一，研究和开发风险合作。研究开发合作是指涉及两个或两个以上的合伙人在研究开发新产品或新技术方面的合作。这种合作仅限于研究开发活动，制造和销售最终产品则由合伙人各自负责（或许有其他单独的合作协议）。根据合伙人的喜好和项目的性质，合伙人可以并肩工作在同一个实验室，也可以不这样做。**在那些研究开发费用高，产品生命周期又短**

的行业，联合研究开发是一个很好的选择。

第二，交互分销协议。这是一种较传统的战略联盟。借助这种形式，一个企业可以通过在现有区域或某一具体区域销售其他公司的产品来增加销售的品种。这种类型合作的出现是由于顾客需求的变化所导致的。

第三，交互特许协议。像分销协议一样，特许经营不是什么新概念，其区别在于集中的领域和战略上的配合程度。Harris 松下/飞利浦 - AT&T 战略联盟就是一个很好的例子，Harris 依靠特许经营协议、开发项目和分销协议而成为私人卫星数据通信行业的全球竞争者；Harris 从飞利浦公司得到特许生产输入/输出处理器，并使用 PACT 网络中配套软件的权利。

第四，联合生产/制造协议。联合制造协议的好处包括达到规模经济和在市场不好时减少生产能力。这种类型的战略联盟在汽车或重型设备工业是很普遍的，因为它可以给这些企业带来规模经济和降低成本的机会，例如在克拉克和沃尔沃合作生产全球市场需要的建筑设备的背后，提高生产效率就是一个关键的推动因素。

第五，联合投标合作。在航空工业等行业中，公司通常要建立一个联合体去开发和制造新一代的飞机、卫星系统等。这些项目的规模以及政府部门的要求常常成为建立这种联盟的动因，如福特航空事业部就与其他公司建立了一个国际联合体，以确保在全球卫星通信系统这一价值几亿美元的市场上获得一席之地。为了从华盛顿国际通信卫星组织赢得建造卫星通信网络的合同，福特公司还组建了由六个伙伴参加的联合体。

第六，资产联结的联盟。购买一部分未来合作伙伴的股权是另一种建立战略联盟的方法。**与直接的组合投资不同，在资产联结的战略联盟中，合伙人会制定一系列的职能性协议来寻求优势互补**。关于这类联盟给各合伙人带来的好处，管理者的看法分歧很大。

四、自制或外购战略

自制或外购战略是企业协作战略中的一个子战略，它所针对的是有关资源的获得来源问题。

（一）企业自制或外购所需资源的决策

企业的生产经营活动离不开各种各样的资源，而取得资源有自制或外购两种方式。

生产的社会化导致了社会分工，不同的企业在不同的生产组织形式上产生了比较利益，具有相对优势。社会化大生产必然会产生生产专业化，专业化分工的加剧又要求企业间加强协作。专业化分工与协作也是科技发展的产物。由于科技进步，生产工艺的难度提高，产品结构的复杂加剧，组织管理的困难加大，全能厂已无法生存下去，必须进行专业化分工协作。专业化分工协作也是经济效益的要求。生产的专业化，使得不同的企业各自利用比较优势，从而带来技术、管理上的高效率。**所以，从生产组织形式上看，专业化分工是现代生产发展的必然结果，这样必然导致企业在其发展过程中，自制部分越来越少，外购部分越来越多。**

但是，根据上面的分析，专业化分工的程度，受科技、产品、生产组织等诸多客观条件的限制，专业化程度达到多少为好，分工达到多细为佳，这些问题必须结合企业实际情况来分析。

自制或外购战略就提出了这样一个问题：企业生产活动需要的材料、零部件、半成品等，由企业自制或是通过社会分工向其他企业购买。影响该战略的因素很多，如企业技术力量、资金筹措能力、管理水平，以及众多市场条件、经济政策、竞争状况等外部因素。

自制或外购决策不是一项简单的经济效益分析，而是对企业产生长期影响的一项重要决策。

首先，企业生产经营活动中，哪些资源自制、哪些资源外购决定了企业的规模和经营的方向，并对以后的生产经营产生影响。因为自制项目决定了投资多少，采用什么样的技术，经营的期限等。投资形成的固定资产将在企业长期发挥作用，从而影响企业经营的灵活性，增加经营的风险性。

其次，自制或外购决策决定了自制品所需原料的采购渠道、采购管理。自制品不同，所需原料不同，采购渠道和采购管理模式也就不一样。企业要根据不同的采购条件决定采购数量、采购时机、质量的控制、采购的形式等。

自制和外购决策还决定了企业所需的技术力量，如需要调配新的工种、新的技术人员，需要调整生产工艺流程，甚至采用新的生产管理模式等。

总之，自制或外购决策对企业的影响时间长、影响面广、影响力度大，是一项重要的战略决策，企业应该用整体和长远的观点来看待它。

（二）自制或外购战略的选择

自制或外购战略的选择不是一个简单的问题，我们千万不能眼光短浅，以短期经济效益为标准进行选择。因为过多的自制，会使企业经营向纵深发展，企业经营战线拖得过长，一是会造成企业精力分散，无法集中优势兵力打歼灭战；二是会造成企业固定资产的投入均集中于同一行业，一旦遇到市场变化，就很难摆脱危机，经营风险很大；三是纵向一体化的企业经营环环相扣，牵一发而动全身，若有某一环节出问题，便会引发一连串问题，使企业难以自拔。而过多的外购，会使企业过分地依赖外界，企业发展过于专业化，易造成“一棵树上吊死”，不利于企业全面发展。虽然企业可以横向发展，但是企业经营方向会发生变化，使形成技术分散，难以向高、精、尖方向发展。因此，企业要综合内外部因素，从长远目标出发，慎重做出决策。**自制或外购一是无法频繁更换，轮番采用；二是即使损失一些利益进行更换，也会给协作关系带来危机，造成其他方面的损失，从而导致协作战略失败。**

一般来说，企业在下列情况长期存在的条件下，可以选择自制或外购战略。

第一，企业对某零部件的需求批量大，规格又比较单一，则自制的成本比外购成本低，可以自制；反之，企业某种资源的需求量小，品种规格又多，自制往往没有规模效益，成本又较高，那么就采用外购策略。

第二，企业技术力量强，生产的零部件质量水平高，而企业又必须使用高质量的产品时，则企业往往自制；相反，企业技术力量一般，外界提供的资源质量又比较好，能满足企业的需要时，则企业可以采用外购策略。

第三，企业对品种规格要求独特，交货期紧急，质量要求高，或因运输条件、食品保质等原因，外界企业无法满足企业的，可以采用自制策略；相反，可以通过外购来满足企业的需要。

第四，对供货商的控制或协作关系也会影响自制或外购。对供货商容易控制，双方协作关系就比较好，可以外购零部件；相反，如果企业经常受人控制，则可以采取自制零部件。

第五，保密因素。如果企业零部件有某种特殊技术要求，如将该零部件交由其他企业生产，则很容易为竞争对手所熟悉，这样对企业不利。这时，企业可选择自制策略。**许多企业往往将一项最关键技术留在企业内部自行生产，而把其他无关紧要的零部件统统由外界企业生产。**

总之，企业既要考虑自己的实力，又要对市场状况及其发展趋势做出正确的判断；既要有短期利益的考虑，又要考虑长期利益；既要做定性的分析，也要做定量分析；既要有经济利益方面的考虑，又要有非经济的、难以用数字表示的利益上的考虑。总之，要通过进行具体的、全面的分析判断，做出自制或外购决策。

企业组织战略

对所有的企业来说，并不存在统一的、在所有情况下都是“最好”的组织结构。对一个特定的企业来说，最佳的组织结构形式依赖于它所面临的特定的环境。

——〔美〕戴维·贝赞可

一、组织结构的概念和类型

（一）组织结构的基本概念

所谓组织是指为了达到某些特定目标，经由分工与合作及不同层次的权力和责任制度而构成的人的集合，这一定义包含三层意思：第一，组织必须具有目标，因为任何组织都是为目标而存在的，目标是组织存在的前提；第二，没有分工与合作就不能称为组织，分工与合作的关系是由组织目标限定的；第三，组织要有不同层次的权力与责任制度，这是由于分工之后，就要赋予每个部门乃至每个人相应的权力和责任，以便实现组织的目标。

所谓结构，是一个系统的构成形式。它是系统内部以一定性质、一定数量的各个要素按照一定的关系进行排列组合的方式。**所谓企业组织结构，就是研究企业组织这一系统的构成形式，即目标、协同、人员、职位、职责、相互关系、信息等组织七要素的有效排列组合方式。**简言之，就是把企业的目标任务分解为职位，再把职位综合为部门，由众多的部门组成垂直的权力系统和水平的分工协作系统的一个整体机构。组织结构是企业组织意识和组织机制赖以存在的基础。企业组织结构主要是研究组织结构设计原理、企业组织的规模、企业领导组织结构、企业组织的层次结构、企业组织的职能结构和企业组织的形态结构。

（二）组织结构的类型

与战略相关的组织结构主要有五种形式，包括职能组织结构、区域组织结构、分权事业部组织结构、战略经营单元组织结构和矩阵组织结构。每种组织结构都有其特定的战略含义，从而体现着其自身的优势与弱点。

1. 职能组织结构

职能组织结构对于从事单一业务经营的单位特别适用，因为在这些单位中，关键的企业活动都是围绕专业技能与领域展开的，由此所带来的高度专业化与集中执行职能，必将有助于提高企业运行效率与市场竞争力。一般来说，按专业职能组织的企业，将有利于分工与专业化，也能更好地发挥企业的技术优势，促进企业技术水平的提高，使企业能够做到充分发挥专业化人才、装备与设施的作用。所以，这种组织结构对于单一业务的企业、有主导产品的企业、纵向一体化的企业可能更为适用，反过来这也能说明为什么这些企业通常总是采取某种比较集权的专业化组织结构。

职能组织在战略上的主要优势是：有助于对战略结果进行集中控制，所以非常适合于业务单一的企业；通过按职能部门指派关键活动，能够将组织结构与战略紧密结合起来，促进职能业务技能的提高，开发出职能领域的特别优势，最终导致职能专业化。这有助于提高工作的重复性与促进任务的规范化，充分发挥学习曲线或经验曲线效应，提高企业的运行效率。

职能组织在战略上的主要不足是：过分强调专业化，造成管理人员眼光狭窄；按职能线逐级晋升的制度，会使得管理人员无法获得跨职能管理的经验，不利于综合管理人才的培养；各职能部门倾向于服从上级指挥，而不必对盈利承担直接责任；职能领域的专业人员更关注自己所在领域的发展，而不是整个企业的最佳发展，最终可能导致职能划分过细，专用设备与人才出现规模上的不经济情况，进而造成使用低效率。**此外，纯粹的职能组织在培育企业家创造精神、适应用户—市场—技术等环境迅速变化、抓住机会以求企业跨行业大发展，以及进行企业活动、成本链的重组等方面很容易患短视症。**

最后，职能组织结构在战略上存在的另一个主要问题就是：高度分工专业化，使各部门都比较关心自己所在部门的战略问题，而不太理解其他部门的战略地位、关键问题、环境变化；再加上不同职能部门人员之间在职业习惯、思维观念、工作语言等方面的显著差异，跨职能部门之间的沟通与协调非常困难，从而也就更谈不上相互有效配合了，这就导致了各职能部门之间的竞争、冲突、各自为政情况的存在，使得各业务部门经理在处理跨职能领域矛盾冲突、促进信息沟通、发挥协同效应等方面的问题时，常常感到非常棘手。

2. 区域组织结构

对于一些规模庞大的全国性甚至跨国公司来说，其业务可能分布于广泛的地理区域范围，因此，在战略管理中，常常有必要考虑根据不同地理区域的需要与特点，采取相应的区域组织结构。**区域组织的最常见例子有：连锁商店、电力系统、邮政系统、铁路运输、政府部门等。**

区域组织的战略优势是：能够根据不同区域环境的具体情况对战略进行修正，以更好地适应不同区域市场环境变化的特殊需要；可以将损益责任落实到较低的战略管理层次，以提高同一目标市场服务的各职能部门之间的协调各区域局部运行的规模经济性；能够使各层次管理人员在区域组织中得到比较全面的跨职能领域的技能锻炼。

区域组织的战略不足是：公司总部在决定允许多大程度的区域多样性以及在何种程度上保持跨区域经营的一致性时，很难找到客观的标准，也容易引起争议；由于区域经理具有较大的战略灵活性，可能会使公司在维持整体形象与商誉中遇到较大困难；按区域组织运行会增加管理层次，降低公司对于环境变化反应的速度；最后，区域组织还可能在公司总部与区域层次的参谋机构设置上产生重复现象，从而造成人才使用上的低效率情况。

3. 业务分权事业部组织结构

业务分权事业部组织结构，就是对多角化企业的各项活动按业务或产品线进行分类，最终形成的一种分权组织结构。业务分权事业部组织的主要战略优势有：有助于多角化组织对责任与权力进行层层分解，进一步明确各管理层次的职责与权利；给各业务单元充分的权利，允许根据自身关键活动与职能需要，确定组织结构；由于分权，使得企业执行主管更有精力处理公司战略问题，也使得各业务部门经理更明确自己对公司应承担的损益责任。显然，将相同业务领域的关键活动归属于同一管理层次领导，同时给业务部门经理进一步授权，建立相对独立的分权经营单元，并将企业家放到业务经营的负责地位，给他们充分的激励，使他们获得足够的权力，为自己所在部门的战略形成与实施、为实现预期的业绩目标而负责，这肯定会有助于企业战略管理过程的顺利进行。

业务分权事业部组织的主要战略不足有：可能导致公司与职能部门在

参谋机构设置上的重复浪费，从而造成公司人员使用上的低效率，并增加公司的成本开支；在决策的分权与集权界限确定上，很难提出清楚明确的标准使得公司总部既不失控，又能给业务部门经理充分的权力，从而保证企业战略的顺利实施；各业务部门的自治，不利于跨部门活动的协调，使得相关战略经营单元之间的协同效应很难发挥，这在一定程度上妨碍了公司整体战略优势的形成；各部门都希望能够引起总部的关注，向总部争取到更多的资源，因而很容易在业务归属与控制权上产生矛盾冲突；公司管理人员对业务领域的经营状况缺乏直接了解，从而使得公司业绩在很大程度上依赖于业务部门经理的能力，一旦发生问题往往会令公司管理层感到很突然，并对如何解决问题不知所措。

4. 战略经营单元组织结构

在真正多角化发展的大公司中，可能设有很多的分权事业部，此时若将众多的事业部均归属于某单个执行主管来控制，其管理幅度可能仍然显得太宽，因而有必要对这些事业部再进行适当的组织，这就是根据其相互联系的紧密程度情况分成几个组，对每个组指定一位资深经理，授权由其向公司的执行主管负责，这种由若干相关事业部门形成的管理层次就称战略经营单元。尽管这种组织形式在公司高层主管与业务经理人员之间增加了一个管理层次，但有助于改善公司的战略规划，协调好各业务部门的关系。

每个战略经营单元通常包括多个业务部门或事业部，这些业务部门或事业部之间往往在某些关键战略要素上存在相关性，如：竞争对手部分相同，战略使命密切相关，共同的参与全球竞争要求，完成综合战略规划的能力，共同的成功要素，相关的技术增长机会等。战略经营单元组织的基本思想是：为多角化经营的公司提供一种有效的方法，以便将公司中互不相同的多种业务加以合理组织，为公司中相关但独立运行的业务领域提供一个相互协同的发展方向。

战略经营单元组织的主要优点在于：为众多具有不同业务的公司提供一种方便公司战略与业务战略的对接、促进不同行业中增长机会的相互利用、有助于战略实施的组织方式；在处理相似战略、市场与增长机会上改善了责权的协调匹配性；使得战略计划在公司内与战略计划最直接相关的层次上得到实施；使得公司高层主管可以更客观、更有效地进行战略评审，而不必直接参与较低层次的战略评审；帮助将公司资源分配到最具增长潜力的领域上；使得公司新发起的独立但相关的业务之间的连贯性加强；有助于战略经营单元内部相关活动之间的协调，从而加强战略经营单元内部各业务领域的战略匹配性。

战略经营单元组织的主要不足在于：在对业务部门或事业部进行定义、归并，从而划分战略经营单元时，具有一定的任意性，通常首先考虑的往往是管理的便利性，这就有可能忽视各业务部门或事业部门之间的战略协调要求，使得最后建立的战略经营单元组织失去真正的战略含义；为公司执行主管增加了一个新的管理层次，于是必须对公司执行主管、战略经营单元主管、业务领域主管这三者的责任与权力进行清楚明确的划分，否则，战略经营单元主管在责权上就有可能陷入受困于执行主管与业务主管的境地，除非战略经营单元的主管强有力，否则很难对战略经营单元内部各业务进行有效的战略协调；在这种组织中，业绩该得到谁的认可不甚清楚，似乎首先是公司执行主管，然后是业务领域主管，最后才是战略经营单元主管。以上情况决定了战略经营单元在考虑其自身未来发展中仍可能是短视的。

5. 矩阵组织结构

矩阵组织结构的产生是由于实际企业中存在许多具有相同战略重要性的要素，有必要建立平行部门同步处理这些具有相同重要性的因素。**因此，在矩阵组织中，对于下层经理与一线职工来说，将会面临双重或多重平行并可能相互矛盾的命令、预算、任务、业绩、报酬等要素的作用，因而有必要做好这些要素之间的平衡妥协问题。**矩阵组织的主要优点是：更关注从多个方面考虑战略的优先顺序，更注意各种竞争性观点之间的相互验证与制衡，有助于同时追求多种战略目标；可以权衡利弊、综合考虑哪一方案对公司整体来说是最好的，鼓励合作、建立一致、减少冲突与协调的相关活动。

矩阵组织的主要不足是：破坏了命令一致的原则，建立了双重报告制度（按产品与按职能），使得管理复杂化。此时，如果公司执行主管能力太弱，就有可能出现管理上的混乱，最后人们不知道该向谁汇报情况以及该汇报哪些内容，这样就很难保持双重领导之间的平衡；更多的权力分享可能陷入协作困难的僵局，使得在相互沟通上花费的时间太多；如果不处理好与众多人员的关系，就很难迅速决策与行动，从而使得果断决策很困难，交易成本增加；助长了行政官僚，阻碍了企业家创造性的发挥。

6. 混成组织结构

设计单一的组织结构往往很难完全满足战略管理的需要，为此，在实际进行组织结构设计与调整的过程中，可以考虑采取兼容并蓄的组织结构做法，吸取各种基本组织结构的长处，逐个部门地对组织结构与战略需要进行匹配，并采取一些特别的做法弥补基本组织结构的不足。

混成组织主要采取在现有组织中加入一些特别部门或小组的做法，这使企业战略决策者在选择组织结构时具有较大的灵活性。这里需要说明的是，这些特别部门或小组的组织应以解决问题为主要目标，参与的人数不能太多。**参与者的选择主要是看对解决问题有无帮助，并尽量建立在自愿的基础上，不要过分强调专家参与，否则有可能造成大材小用或学非所用的浪费。**

二、组织的战略类型

战略的一个重要特性就是适应性。它强调企业组织要运用已有的资源和可能占有的资源去适应企业组织外部环境和内部条件所发生的相互变化。这种适应是一种复杂的动态的调整过程，要求企业在加强内部管理的同时，不断推出适应环境的有效组织结构。在选择的过程中，企业可以考虑以下四种类型。

（一）防御型战略组织

防御型组织主要是要追求一种稳定的环境，试图通过解决开创性问题来实现自身的稳定。从防御型组织的角度来看，所谓开创性问题就是要创造一个稳定的经营领域，占领一部分产品市场，即生产有限的一组产品，占领整个潜在市场的一小部分。在这个有限的市场中，防御型组织常采用竞争性定价或高质量产品等经济活动来阻止竞争对手进入它们的领域，保持自己的稳定。

一旦这种狭小的产品与市场被选定以后，防御型组织就要运用大量的资源解决自身的工程技术问题，以尽可能有效地生产、销售产品或提供服务。一般来说，该组织要创造出一种具有高度成本效率的核心技术。**防御型组织要开辟的是一种可以预见的，经久不衰的市场，因此，技术效率是组织成功的关键**。有的防御型组织通过纵向整合来提高技术效率，即将从原材料供应到最终产品的销售的整个过程合并到一个组织系统里来。

行政管理是为了保证组织严格地控制效率，为解决这一问题，防御型组织常常采取“机械式”结构机制。这种机制是由生产与成本控制专家组成的高层管理，注重成本和其他效率问题的集约式计划，广泛分工的职能结构、集中控制、正式沟通等。这些内容有利于产生并保持高效率，最终形成明显的稳定性。

防御型组织适合较为稳定的行业。但是，该行业也有潜在的危险，如不可能针对市场环境做出重大的改变。

（二）开拓型战略组织

开拓型组织与防御型组织不同，前者追求一种更为动态的环境，注重将其能力表现在探索和发现新产品和市场机会上。这就要求开拓型组织在寻求新机会的过程中，必须具有一种从整体上把握环境变化的能力。

为了正确地服务于变化中的市场，开拓型组织要求它的技术和行政管理具有很大的灵活性。在工程技术问题上，开拓型组织不是局限在现有的技术能力上，而是会根据现在和将来的产品结构确定技术能力。**因此，开拓型组织的全部工程技术问题就是如何避免长期陷于单一的技术过程，企业常常通过开发机械化程度很低和具有例外性的多种技术和标准技术来解决这一问题**。

在行政管理方面，开拓型组织奉行的基本原则是灵活性，即在大量分散的单位和目标之间，调度和协调资源，不采取集中地计划和控制全部生产的方式。为了实行总体协调工作，这类组织的结构应采取“有机的”机制。这种机制包括由市场、研究开发方面的专家组成的高层管理，注重产出结果的粗放式计划，分散式控制以及横向和纵向的沟通。

开拓型组织在不断求变当中可以减轻环境动荡对其的影响，但它要冒利润较低与资源分散的风险。在工程技术问题上，这种组织由于存在多种技术能力平行运作，互相竞争，导致总体的效率难以得到很好的发挥。同样，在行政管理上有时也会出现不能有效地使用，甚至错误地使用组织的人力、物力、财力的问题。总之，开拓型组织缺乏效率，很难获得最大利润。

（三）分析型战略组织

从以上论述可以看出，防御型组织与开拓型组织分别位于一个战略调整序列的两个极端。而分析型组织则正好位于中间，可以说是开拓型组织与防御型组织的结合体。这种组织总是对各种战略进行理智的选择，试图以最小的风险、最大的机会获得利润。

分析型组织在定义开创性问题时，综合了上述两种组织的特点，即在寻求新的产品和市场机会的同时，保持传统的产品和市场。分析型组织解决开创性问题的方法也带有前两种组织的特点。这类组织只有在新市场被证明具有生命力时，才开始在该市场上活动。也就是说，分析型组织的市场转变，是通过模仿开拓型组织已开发成功的产品或市场完成的。同时，该组织又保留了防御型组织的特征，依靠一批相当稳定的产品和市场保证其收入的主要部分。**因此，成功的分析型组织必须紧随领先的开拓型组织，同时在自己稳定的产品和市场中保持良好的生产效率。**

在工程技术问题上，分析型组织的两重性也表现得比较突出。这种组织需要在技术的灵活性与稳定性之间进行平衡。而要达到这种平衡，该组织就需要将生产活动分成两部分，形成一个双重的技术核心。分析型组织技术稳定部分与防御型组织的技术极为相似。为了达到良好的成本效益，该组织按职能组织起来，使技术达到高度标准化、例行化和机械化。技术的灵活部分，则类似于开拓型组织的工程技术问题。在实践中，分析型组织的双重技术核心主要是由具有一定权力的应用研究小组来担任的。在新产品方面，这个小组可以找到解决现有技术能力瓶颈的方法，不需要像开拓型组织那样花费大量的费用进行研究开发。

在行政管理方面，分析型组织也带有防御型组织和开拓型组织的双重特点。一般来说，分析型组织在行政管理方面的主要任务是区分组织结构的各个方面，适应既稳定又变动的经营业务，使两种经营业务达到平衡。这个问题可以由分析型组织的矩阵结构解决，即在市场和生产的各职能部门之间制定集约式的计划，而在新产品应用研究小组和产品经理之间制定粗放式的计划。同时，矩阵结构在职能部门中实行集权控制机制，而对产品开发小组使用分权控制方法。

当然，分析型战略组织并不是完美无缺的。由于其经营业务具有两重性，该组织不得不建立一个双重的技术中心，同时还要管理各种计划系统、控制系统和奖惩系统。这种稳定性与灵活性并存的状态，在一定程度上限制了组织的应变能力。如果分析型组织不能保持战略与结构关系的必要平衡，它最大的危险就是既无效能又无效率。

（四）反应型战略组织

上述三种类型的组织尽管各自的形式不同，但在适应外部环境方面都具有主动灵活的特点。从两个极端来看，防御型组织在其现有的经营范围内不断追求更高的效率，而开拓型组织则不断探索环境的变化，寻求新的机会。随着时间的推移，这些组织对外部环境的反应会形成一定程度上稳定一致的模式。

而反应型组织在对其外部环境的反应上则采取了一种动荡不定的调整模式，缺少在变化的环境中随机应变的机制。它往往会对环境的变化和不确定性做出不适当的反应，随后又会执行不力，对以后的经营行动犹豫不决。结果，反应型组织永远处于不稳定的状态。**因此，反应型战略在战略中是一种下策。只有在上述三种战略都无法运用时，企业才可以考虑使用这种方法。**一个企业组织之所以成为反应型组织，主要有以下三个原因：

一是决策层没有明文表达企业战略。这是指企业中只有某个负责人掌握企业的战略，在他领导下时，企业会有很好的发展。一旦该负责人由于某种原因离开这个企业时，企业便会陷入一种战略空白的状态。此时，如果企业的各个经营单位都卓有成效，它们会为各自的特殊市场和产品利益发生争执。在这种情况下，新选出来的负责人不可能提出一种统一的企业战略，也不可能形成果断一致的行动。

二是管理层次中没有形成可适用于现有战略的组织结构。在实践中，战略要与具体的经营决策、技术和行政管理决策统一。否则，战略只是一句空话，不能成为行动的指南。例如，企业考虑进一步发展某一经营领域，但被指定完成这一任务的事业部采用的是职能结构，又与其他事业部分享成批生产的技术。在这种情况下，该事业部很难对市场机会做出迅速的反应。这个例子说明，这个企业的组织结构没有适应战略的要求。

三是只注重保持现有的战略与结构的关系，忽视了外部环境条件的变化。有的企业在某些市场方面取得了领先地位，所以逐渐地采用防御战略。为了降低成本、提高效率，这些企业将生产经营业务削减成少数几类产品，并将经营业务整合。但是，当企业的市场饱和以后，大多数产品利润已经减少时，这种企业如果还固守防御型战略和结构，不愿做出重大的调整，必然会在经营上遭到失败。

总之，一个企业组织如果不是存在于经营垄断或被高度操纵的行业里，就不应采取反应型组织形态。即使采取了这种战略，也要逐步地过渡到防御型、开拓型或分析型战略组织形态。

三、企业战略对组织结构的影响和要求

（一）战略环境对组织结构的影响和要求

经营战略的一个基本理论就是环境、战略模式和组织结构三者要协调一致、相互适应，企业战略才会取得成功，企业的效益才会提高；反之，则企业战略失败，效率下降。**但在这三者当中，环境变化速度最快，战略次之，组织结构变化最慢。**安索夫把环境、战略及组织结构划分为五种类型，即稳定型、反应型、先导型、探索型及创造型（详见表 6－1）。由表中可知，这五种类型的环境必须与五种类型的战略一一对应，同时也必须与五种类型的组织结构一一对应，这样企业的效益才会提高；相反，若企

业环境是稳定型的，而采用的是创造型的战略，又采用反应型的组织结构，这样做的结果必然招致失败。

表 6－1　环境、战略及组织结构的类型

		稳定型	反应型	先导型	探索型	创造型
环境因素	1. 环境的稳定性	很稳定	稳定	不太稳定	不稳定	很不稳定
	2. 企业适应外界环境的能力	以现有的能力可以适应	稍微调整现有能力可以适应	扩大现有能力才能适应	重新配备能力才能适应	必须开发新的能力才能适应
	3. 外界环境变化的速度	速度很慢	速度慢	速度中等	速度稍快	速度快
	4. 企业对外界环境变化的反应速度	反应很慢	反应慢	反应速度中等	反应快	反应很快
战略模式	5. 产品与市场战略	在原有产品、市场上踏步不前	向最邻近的产品和市场发展	向相关的产品和市场扩张	向海外市场发展，同时开发新产品	开拓新市场，创制新的高技术产品
	6. 市场占有率	仅能在现有市场上维持	努力保持已有的市场占有率	争取扩大市场占有率	努力扩大市场占有率	开拓新市场
组织结构	7. 组织结构形式	直线制	直线职能制	事业部制	事业部制跨国经营	集团企业或柔性组织，矩阵组织
	8. 企业管理方式	手工式的管理	目标管理	长期计划管理	战略计划管理	风险经营管理
	9. 企业领导工作的重点	作业研究	财务比率分析	产品的经营	资产经营	风险投资及高技术产品的开发
	10. 领导者的形象	企业的保护者	企业的领导者	企业的开拓者	企业家	具有冒险精神的天才的创造者

表 6－1（续）

		稳定型	反应型	先导型	探索型	创造型
组织结构	11. 企业管理的重点	生产活动为中心	经营决策为中心	经营战略决策为中心	经营战略决策为中心	风险型决策为中心
	12. 研究与开发部门的工作	改进工艺	改进产品	开发相关新产品	开发新产品	开发高技术产品
	13. 市场营销部门的工作	仅限于产品流通	推销产品	产品的市场营销	产品的经营及资产经营	产品的经营与资产经营
	14. 财务部门的工作	会计	财务监督	财务计划	资金筹措	风险管理

通常情况下，企业环境、战略和组织结构处于一致状态，但当环境类型由于某种原因而发生变化时，企业组织结构的类型对环境变化的适应方式也有所不同。稳定型及反应型组织结构对环境变化都有事后适应的趋向，即当环境、战略、组织的对应关系遭到破坏时，最终其战略模式和组织结构被迫适应环境的变化，经过一定的时间间隔，按照战略模式的转变，组织结构类型转变（甚至包括领导层的更迭）的次序进行，如能恢复环境、战略、组织的对应关系，则企业经营状况又将好转。先导型、探索型及创造型的组织结构对于环境变化往往都有事先适应的趋向，即这些组织结构类型先得到环境变化的信息，及时掌握将来环境变化的征兆，抢先转变战略及组织结构。在觉察环境变化征兆的速度和适应的灵活程度上，当然以创造型组织结构最为适宜，然而有时做出的反应速度虽快，其结果的好坏却不能肯定。

由上表可以看出，首先，随着环境的复杂程度的提高，企业组织结构的复杂性也会相应提高；其次，当环境比较稳定时，可采用集权的职能制的组织结构，当环境处于复杂、迅速变化状态时，就必须采用分权的事业部制的组织结构；最后，当外部环境处于稳定状态时，需要更固定的组织结构，如直线制或直线职能制，企业内职责界线分明，工作程序精确，权责关系固定，组织等级制度严密，这是灵活性较低的组织结构，当外部环境动荡时，需要更为灵活的组织结构，如矩阵组织及柔性组织，其特点是工作程序不太正规，权责关系不太固定，强调组织结构对环境的适应性，更多地强调实行参与制等。

（二）企业规模对组织结构的影响和要求

不同规模的企业在组织结构上有较大的差别，企业规模对组织结构的影响主要表现在以下四方面：

1. 规范化程度不同

大型企业规范化程度较高，一般都要用条例、程序及规章制度等来实现标准化以及对众多部门和职工的控制，而中小企业的规范化程度较低。

2. 分权程度不同

大型企业命令链较长，人员和部门较多，全部决策若都由最高领导层负责，必然负担过重而且容易脱离实际，因此需要较多的分权。中小企业，特别是小型企业，一切都由一个人或几个人决策指挥，不需要再分权。

3. 复杂程度不同

大型企业生产技术复杂，职工人数多，因而管理工作复杂，为了有效地控制，需要更多的管理部门并增加较多的等级层次，相比之下，小企业的组织结构就比较简单。

4. 人员结构不同

一般来说，在大型企业中，高层管理人员占全体职工的比率会降低，而管理人员占全体职工的比率会提高，中小企业恰与此相反。

（三）技术发展对组织结构的影响

随着国际国内科学技术的迅猛发展，尤其是高技术发展，在生产劳动中脑力的劳动起到越来越重要的作用。工业化时期的经营是以大规模使用与消耗原材料和能源为基础的，而以信息技术为重要内容的高技术产业的发展，使经济的发展越来越受到知识的影响，经济的发展正逐步转移到以知识、技术的使用和智力的开发为基础的轨道上来。这种转变集中反映在三个方面，即：企业由劳动密集型和资金密集型向知识及技术密集型转化；工人由体力劳动者向具有一定知识和技术的劳动者转化，即工人构成由蓝领工人向白领工人过渡，科技人员数量迅速增加；产品由技术含量较低向知识密集化方向转化。

长期以来，金字塔式的组织结构被认为是一种理想的组织结构，但科学技术的发展对传统的企业组织结构也提出了革新的要求。罗斯·韦伯认为，由于未来企业组织中电子计算机的广泛使用，管理信息系统的大量建立，使得电脑专家及管理信息系统专家日渐增多，这将使企业组织又回到集权制，即企业的重要决策又再度集中于高层管理者，高层管理者将决策及指挥命令直接下达给下层管理者，甚至直接下达给作业层的工人。

这种未来企业组织结构模式的特点是：中层管理人员的人数可以大量减少，因为有了电子计算机及管理信息系统，因此决策所必需的信息、知识及职权都可以集中在高层管理者手中，中层管理者只扮演传达和沟通信息的角色，承担人事和非技术性的责任。由于电脑及企业管理信息系统的进步，减少了对中间管理层的依赖，所以他们参与决策的机会减少了。**随着中层管理人员人数的减少，企业组织结构的中间部分变得非常狭窄，同时中层管理人员有余力从事更多的人际关系的协调及计划工作。**

这种组织结构首先要求高层管理者获得硕士以上学位的人数应逐渐增多，据1970年在美国企业中的统计，高层管理者中50%拥有硕士学位，25%拥有博士学位。其次，这种组织结构要求有较多的计算机技术专家及管理信息系统专家。

企业财务战略

对任何一家企业来说，报酬与风险总是成正比例共存的，所以企业在财务决策时必须同时兼顾二者，企业的价值也只有在报酬和风险取得良好的平衡时才能达到最大。

——〔美〕雷·克罗克

一、财务管理目标

（一）财务管理目标的概念和特征

财务管理目标又称财务目标、理财目标，是指企业进行财务活动要达到的根本目的，是评价企业财务活动是否合理的标准，它决定着财务管理的基本方向。实质上，财务目标是财务管理中主观愿望与客观规律、财务主体与财务管理对象、内部条件与外部环境、现实与未来、管理者与所有者及债权人等一系列矛盾相互作用的聚集点和综合表现。**财务目标是这些矛盾相互统一、均衡的结果，在财务理念上是一种创造性的表现。**财务目标一般具有如下特征。

1. 整体性

企业财务目标必须服从企业整体发展战略和发展规划，财务各个方面的目标必须具有合力。

2. 多元性

财务目标的多元性是指财务目标不是单一的。由于企业财务涉及财务活动的各方面和财务管理各环节，并都有其特定的目标，这些目标反映了不同的财务活动处于不同的财务关系之中，所以形成了目标的多样性，包括企业筹资目标、投资目标、资金营运目标、股利目标等。

3. 层次性

财务目标的层次性是指财务目标按一定标准可划分为若干层次。**财务目标之所以具有层次性，主要因为财务管理的内容可以划分为若干层次。**财务管理内容的层次性和细分化使财务目标由整体目标、具体目标两个层次构成。所谓整体目标是指一般财务目标，处于支配地位，但它决定着整个财务管理过程的发展方向，是企业财务活动的出发点和归宿。所谓具体目标则是指在整体目标的制约下，从事某一部分财务活动时要达到的目标，这些目标处于被支配地位。对整体目标的实现有配合作用的目标，称为辅助目标。

4. 阶段性

任何目标都必须具有时间期限。长期目标是企业总体目标实施全过程想要达到的总体结果，中期、短期目标则是在长期目标实施过程中要达到的阶段性成果。任何长期目标都是由若干中短期目标所构成的。

5. 定量性

财务目标的提出既要有定性的分析判断，又要有定量的指标。定量方面的指标就是把要达到的目标数量化——用具体的数字予以表达。

（二）财务管理基本目标

财务管理基本目标是指全部财务活动实现的最终目标，它是企业开展一切财务活动的基础和归宿。**从根本上讲，企业财务目标取决于企业生存与发展目标，两者必须是一致的。**经济效益最大化可作为企业财务管理基本目标，但显得过于笼统。所以，一方面我们必须以经济效益最大化作为确定财务目标的基础，另一方面我们必须寻找能直接、集中反映财务管理特征、体现财务活动规律的一般财务目标。根据现行企业财务管理理论和实践，最具有代表性的财务管理基本目标主要有以下几种提法。

1. 利润最大化

即假定在企业的投资预期收益确定的情况下，财务管理行为将朝着有利于企业利润最大化的方向发展，利润最大化是西方微观经济学的理论基础。经济学家以往都是以利润最大化这一概念来分析和评价企业行为和业绩的。西方古典经济理论认为，企业财务管理的目标是获得最大的利润，而且利润总额越大越好。

在市场经济环境中，投资者出资开办企业最直接的目的就是追求经济利益。利润额是企业在一定期间全部收入和全部成本费用的差额，而且是按照收入与费用配比原则计算的。在一定程度上，它不仅体现了企业经济效益、股东投资回报的高低，企业对国家的贡献，而且和职工的利益息息相关。同时，利润是企业补充资本公积、扩大经营规模的源泉。所以获取最大利润既是企业的基本宗旨，也是企业不断发展的基本前提。这种观点最容易被人们理解、接受，因此利润最大化的观点在很长时期内始终得到人们广泛关注。

但是，以利润最大化作为财务管理目标存在如下的缺点：

第一，利润最大化是一个绝对指标，没有考虑企业的投入与产出之间的关系；

第二，利润最大化没有考虑利润发生的时间，没有考虑货币时间价值；

第三，利润最大化没能有效考虑风险问题，可能会导致企业财务决策与控制一味追求最大利润而不顾风险的大小；

第四，利润最大化往往会使企业财务决策行为具有短期行为的倾向，即只顾片面追求利润的增加，不考虑企业长远的发展。

2. 资本利润率最大化

资本利润率是利润额与资本额（资本金或净资产）的比率。每股利润也称每股盈余，是利润与普通股股数的对比值。这里的利润额一般是指税后净利润。所有者或股东是企业的出资者或投资者，他们投资的目的是取得资本收益，表现为税后净利润（可以用来分配的利润）与出资或股份数（普通股）的对比关系。这一目标表达的优点是：首先，这里的收益额具有时间概念，它是指一定时间内（通常是一年）获取的收益额。其次，把企业实现的利润额同投入的资本或股本数进行对比，能够说明企业的盈利率，可以在不同资本规模的企业或时期之间进行比较，揭示其盈利水平的差异。它的局限性在于没有充分体现未来获取收益的风险性。**实践证明，财务管理必须充分考虑收益大小与风险程度，否则是极其危险的**。一般来说，收益越大，风险越大；要想获得较大收益必须相应承担较大风险。再者，每股利润额与股本额成反比关系，如果企业单纯为追求每股利润额最大而降低股本，增加负债，则会导致企业资本结构失衡、财务状况恶化甚至出现财务危机。

3. 每股市价最大化

这种观点既考虑了企业本身的风险程度，又考虑了现有的和潜在的投资者对企业每股收益在数量和时间上的预期。这是因为股票（指普通股）

的市场价格，代表着所有的资本市场参与者对该股票发行企业价值的客观判断和评价，即以股票的市场价格代表企业的价值。这种客观判断和评价全面充分地考虑了该企业现时和未来的获利能力、时间因素、风险程度以及与股票市价有关的其他因素。这种观点虽比前两种观点更客观，但它仍存在不足之处，因为股票市价毕竟只是企业外部资本市场参与者的观察评价，是他们对企业管理者代表股东理财业绩的好坏以及对企业经营业绩大小的看法，所以不宜简单地将每股市价最大的作为企业财务目标。

4. 股东财富最大化

股东财富最大化是指通过财务上的合理经营，为股东带来最多的财富。在股份经济条件下，股东财富由其拥有的股票数量和股票市场价格两方面决定。在股票数量一定时，或当股票价格达到最高时，则股东财富也达到最大。**所以，股东财富最大化又演变为股票价格最大化**。西方一些财务学者认为，在运行良好的资本市场里，股东财富最大化目标可以理解为最大限度地提高现在的股票价格。

与利润最大化目标相比，股东财富最大化目标有其积极的方面，这是因为：第一，股东财富最大化目标科学地考虑了风险因素，因为风险的高低会对股票价格产生重要影响；第二，股东财富最大化在一定程度上能够克服企业在追求利润时的短期行为，因为不仅是当前的利润会影响股票价格，预期未来的利润对企业股票价格也会产生重要影响；第三，股东财富最大化目标比较容易量化，便于考核和奖惩。但应该看到，股东财富最大化也存在一些缺点，如只强调股东的利益，而对企业其他关系人的利润重视不够。另外，股票价格受多种因素影响，并非都是公司能控制的，把不可控因素引入理财目标是不合理的。

5. 企业价值最大化

企业价值最大化是指通过企业在财务上的合理经营，采用最优的财务政策，充分考虑货币的时间价值和风险与报酬的关系，在保证企业长期稳定发展的基础上使企业总价值达到最大。这一定义看似简单，实际包括了丰富的内涵，其基本思想是将企业长期稳定发展、持续的获利能力放在首位。

通俗地说，企业价值就是指企业本身值多少钱。企业价值的观点表明企业虽不是一般意义上的商品，但也可以被买卖。要买卖必然对企业进行市场评价，通过市场评价来确定企业的市场价值或者企业价值。在对企业评价时，看重的不是企业已经获得的利润水平，而是企业未来的获利能力。**因此，企业价值不是账面资产的总价值，而是企业全部资产的市场价值，即企业有形资产和无形资产价值的市场评估，反映了企业潜在或预期获利能力。**

企业价值最大化的具体内容包括以下几个方面：

- 强调风险与报酬的均衡，将风险限制在企业可以承担的范围内；
- 建立与股东之间的利益协调关系，努力培养长期投资的股东；
- 关心本企业职工利益，创造优美和谐的工作环境；
- 不断加强与债权人的联系，重大财务决策请债权人参加讨论，培养可靠的资金供应者；
- 关心客户的利益，在新产品的研制和开发上有较高投入，不断推出新产品来满足顾客的要求，以便保持销售收入的长期稳定增长；
- 讲求信誉，注重企业形象的宣传；
- 关心政府政策变化，努力争取参与政府制定政策的有关活动，以便争取出现对自己有利的法规。

（三）财务管理具体目标

财务管理的具体目标取决于财务管理的具体内容。据此，财务管理的具体目标可以概括为以下几个方面。

1. 企业筹资管理目标

任何企业为保证生产的正常进行和扩大再生产的需要，都必须具有一定数量的资金。企业的资金可以从多种渠道、用多种方式来筹集。不同来源的资金，其可使用时间的长短、附加条款的限制、资金成本的大小以及资金的风险等都不相同。**因此，企业筹资的具体目标就是：在满足生产经营需要的情况下，以较低的筹资成本和较小的筹资风险获取同样多的资金或较多的资金。**

2. 企业投资管理目标

投资就是企业资金的投放和使用，包括对企业自身和对外两个方面。企业对自身和对外投资都是为了获取利润，取得投资收益。但企业在进行投资的同时，也必然面临各种情况：投资项目可能成功或失败，投资既可能收回也可能收不回，投资既可能赚较多的钱，也可能赚较少的钱等，也即投资会产生投资风险。**因此，企业投资的具体目标就是：以较低的投资风险与投资投放获取同样多的投资收益，或者较多的投资收益。**

3. 企业营运资金管理目标

企业的营运资金是为满足企业日常营业活动要求而垫支的资金。营运资金的周转与生产经营周期具有一致性。在一定时期内资金周转越快，就可以利用相同数量的资金，生产出更多的产品、取得更多的收入、获得更多的报酬。因此，企业营运资金管理的目标就是：合理使用资金，加速资金周转，不断提高资金利用效果。

4. 企业利润分配管理目标

分配就是将企业取得的收入和利润，在企业与相关利益主体之间进行分割。这种分割不仅涉及各利益主体的经济利益，而且涉及企业的现金流出量，从而影响企业财务的稳定和安全性。同时，由于这种分割涉及各利益主体经济利益的分配，不同的分配方案也会影响企业的价值。具体而言，企业当期分配较多的利润给投资者将会提高企业的即期市场评价，但由于利润大部分被分配，企业要么即期现金不够，要么缺乏发展或积累资金，从而影响企业未来的市场价值。因此，利润分配管理的目标就是：企业合理确定利润的留分比例以及分配形式，提高企业的潜在收益能力，从而提高企业总价值。

以上这四个具体目标是财务管理基本目标框架中必不可少的组成部分，它们之间是相互联系和高度统一的。

二、影响企业财务战略的基本因素

（一）货币的时间价值

时间价值在西方通常被称为货币的时间价值，货币之所以具有时间价值，根源在于其在再生产过程中的运动和转化，它是生产的产物，也是劳动的产物。时间价值是资金在周转使用中产生的。由此可见，单纯的货币不会产生时间价值，因而货币时间价值的概念不能成立。只有将货币投入到再生产过程中去，即转化为生产资金，并且再生产活动能够正常运作时，时间价值才会产生。货币投入到社会再生产中去，但社会再生产不能正常运作，同样不会产生增值及而可能出现减值。因此，我们可以将时间价值定义为资金在周转使用中由于时间因素而形成的价值差额。价值的时间差是时间价值的表现形式，资金周转使用形成价值差额是时间价值的实质。随着时间的推移，资金不断周转使用，时间价值也不断增多。

资金时间价值取决于没有风险和没有通货膨胀条件下的社会平均资金利润率，这是时间价值的量的规定性。市场经济条件下，各行业投资项目的资金利润率有高有低，由于竞争的存在，各部门的投资利润率必将趋于平均化，致使每个企业的投资项目至少要取得社会平均利润率，否则就会投资于其他项目或其他行业，因此，时间价值也就成为评价投资项目的基本标准。

时间价值有两种表现形式：一种是绝对数表现形式，又称时间价值额，它是资金在周转使用中产生的真实增值额；另一种是相对数表现形式，称时间价值率，是扣除风险报酬和通货膨胀之后的社会平均资金利润率。由于时间价值率常以利率的形式表现，故人们常将它与一般利率相等同，但实际上二者的差别是明显的，一般利率包含有风险因素和通货膨胀因素，而时间价值则不包含。时间价值在企业财务战略管理中的重要作用主要表现如下页所列举。

1. 时间价值是评价投资方案是否可行的基本依据

因为时间价值是扣除风险报酬和通货膨胀等因素后的社会平均资金利润率，作为投资方案至少应达到社会平均资金利润率水平，否则该项目就是不成功的。**由此，以时间价值作为尺度对投资项目的资金利润率进行衡量，就成为评价投资方案的基本依据**。如果投资方案的资金利润率低于时间价值，则该方案经济效益状况不佳。如果投资方案的资金利润率高于时间价值，则该方案的经济效益良好，方案可行。

2. 时间价值是评价企业收益的尺度

企业作为营利性的组织，其主要财务目标是实现企业价值最大化，不断增加股东财富。为此，企业经营者必须充分调动和利用各种经济资源实现预期收益，而评判这些资源是否被充分有效使用的一个重要标准，就是看预期的收益水平是否实现，这个预期的收益水平应以社会平均资金利润率为标准。**由此，时间价值就成为评价企业收益的基本尺度。**

时间价值的计算有单利和复利两种方法，计算内容涉及利息、现值、终值和年金等。

（二）投资风险

风险是指在一定条件下和一定时期内，战略决策的各种结果可能发生的变动程度。财务战略的决策中主要会涉及以下一些与风险相关的概念。

1. 投资项目的相关性

战略方案中往往涉及不同投资项目的组合，投资项目的相关系数反映不同项目期望值之间的相关程度。如果相关系数是+1，即当A股票上涨时，B股票也同时上涨；反之，A股票下跌时，B股票也同时下跌，如果是这种情况，就不能通过投资组合来降低风险。而如果相关系数是-1，即当A股票上涨时，B股票却下跌；反之，A股票下跌时，B股票却上涨，那就可以通过投资组合最大限度地避免风险。**可见，如果在进行战略的业务组合时能将相关系数为负值的若干业务进行组合，就能使战略的风险降低。**

2. 投资收益与投资风险

投资收益与投资风险一般是成正比的，即收益高的方案会承受较大的风险，而风险小的方案所获的收益较小。投资者在进行投资时，往往并不会把所有的资金都投资到某一个方案或项目，而是进行多种投资，这就是我们常说的投资组合。投资组合的风险可以分为性质完全不同的两种，即系统性风险和非系统性风险。

系统性风险也称不可分散风险。这种风险一般是指由整个经济变动造成的市场全面风险，如宏观经济状况的变化、国家税法的变化、国家财政政策和货币政策的变化等，这种风险将影响市场中的所有投资，因此无法通过投资组合来规避。

非系统风险有时也称为可分散风险，是由只对某一些投资造成影响的因素所引起的特定风险，如产业周期性改变、产业成本结构的变化引起的风险，投资者可以通过投资组合来规避。

投资组合原理是指投资者通过投资多种项目，最终在一定总风险下达到最大收益，或者说以尽可能小的风险获取一定的收益。**在投资组合的情况下，投资者最关心的是组合的总收益率和组合的总风险。**

（三）资金成本

企业筹集资金都需要支付一定的费用，承担一定的风险。企业借款和发行债券需要支付利息，发行股票要向出资人分红，利用商业信用会增加企业的负债、降低企业的偿债能力。进行企业筹资决策，不但需要选择适当的筹资方式，而且需要计算筹资成本，进行成本、风险和收益的权衡，以实现企业价值的最大化。筹资成本可以用绝对数表示，也可以用相对数（成本率）表示。通常用相对数进行不同筹资方式之间成本的比较，具体计算公式随筹资方式的不同而不同，该公式为：

筹资成本＝资金使用费÷（筹资总额－筹资费用）

按照资金成本的计算对象和计算方式，资金成本可分为个别资金成本、综合资金成本和边际资金成本。个别资金成本是指按各种资金的具体筹资方式计算确定的成本，如债券筹资成本、股票筹资成本等。**综合资金**

成本是指企业全部资金来源的总成本，它是个别资金成本的加权平均计算结果。边际资金成本是指每增加一个单位的资金所需增加的成本，它是综合资金成本在特殊情况下的一种特殊形式。

资金成本是比较筹资方式、选择追加筹资方案的依据，在筹资决策中具有重要意义。

1. 个别资金成本是比较各种筹资方式的重要标准

企业筹集资金有多种方式可供选择，不同的筹资方式中，筹资费用与使用费用各不相同。通过计算和比较个别资金成本，就能按其成本高低进行排列，并从中选出成本较低的筹资方式。

2. 综合资金成本是企业进行资本结构决策的基本依据

企业全部资金通常是采用多种筹资方式组合而成的，这种筹资组合又有多个方案可供选择。综合资金成本的高低将是比较各筹资组合方案、进行资本结构决策的重要依据之一。

3. 边际资金成本是进行追加筹资决策的重要依据

通过计算边际资金成本，对追加筹资量就单一筹资或组合筹资方式的资金成本进行比较，从而确定追加筹资方案。

三、企业财务战略规划

如果将企业比作一艘航船，战略规划就是为企业指明目标、把握航向。**战略规划的核心是制定企业的长期目标并将其付诸实施**。按规划所涵盖的时间范围可分为三种：

一是长期规划。一般是针对未来五年或更长时间确定的发展规划，其目的在于为长期生产能力需要和资源配置做准备。

二是中期规划。一般着眼于未来两年时间的发展规划，主要是根据现有的固定生产能力来满足市场需求的详细计划。

三是短期规划。一般是指一年以内的规划。从某种意义上说，这是企业中期规划的“作业”计划。限于篇幅，本节只介绍年度财务计划。

（一）财务计划

财务计划是企业总体计划的一部分。它是以货币形式展示未来某一特定期间内，企业全部经营活动的各项目标及其资源配置的定量说明。即在预测与决策的基础上，按照既定目标对企业未来的投资、筹资及股利分配引起的现金流量以计划的形式具体地、系统地反映出来，以便有效地组织与协调企业的资金运动，完成企业各项目标。

财务计划是以销售预测为先导，预计财务报表为基础，资金需求、筹措、调整计划为核心，全面反映企业财务状况和经营成果的一组计划。各项计划前后衔接，形成了一个完整的体系。

（二）销售预测

销售预测是编制企业财务计划的前提。随着近代管理科学与统计、数学的发展，销售预测的方法不胜枚举。但是没有一种预测方法适用于所有产业，也没有任何一个部门可以单独地提供所有的资料。在销售预测中，财务人员不能只看预测的结果，还要考虑这些预测结果所依据的模型和分析方法是否合理，是否与国民经济的发展状况、企业所在地区经济环境、产品市场需求相一致，是否与企业自身的价格政策、信用政策、广告政策以及生产能力相统一。不仅如此，还要考虑其他竞争对手的经营战略和政策，如竞争对手是否成功开发了某种新产品，是否制定了更加激进的价格政策等。

销售预测的正确与否对编制财务计划至关重要，因为预计财务报表中的许多变量都与销售收入有关。

（三）预计财务报表

根据销售预测，企业可编制预计资产负债表和预计利润表。**预计财务报表的作用主要是展示企业未来的财务状况和经营成果。**它与一般财务报表在形式和内容上完全相同，不同的是报表的资料均为预测数而非实际数。

（四）资金需求与筹集计划

根据资本支出预算、预计资产负债表和预计利润表等有关资料，确定企业在计划期内各项投资及生产发展所需的资金数据，包括需追加的流动资金的数量。根据企业筹资总额、资产负债率、股利分配政策、资本成本等确定资金筹集方式并适当调整。

（五）资金调整计划

企业的股利政策和资产负债率不是一成不变的，随着企业经营规模和盈利状况的变化，企业可以通过改变财务方针或政策（如稳定股利支付政策、改善资产负债状况等）对企业的资金来源和财务结构进行调整。**作为财务政策的调整量，可以是股东权益（改变股利分配额，增发或回购股票），也可以是公司债务（增加或减少债务），还可以二者同时变动。**企业在编制财务计划时，可根据企业的财务政策进行适当调整。

四、企业财务综合分析

财务综合分析的常用方法有：企业财务状况雷达图、杜邦财务分析体系和Z计分法等。

（一）企业财务状况雷达图

企业财务状况雷达图是将各项指标集中描绘在雷达状图表中，从而直观地显示企业综合状况所处水平的方法。雷达图绘制程序如下：

一是任画一圆，半径为各指标的比较标准值，如行业平均水平或先进水平等。不同半径表示不同指标值。

二是以标准数值为100%，将各指标本期实际值换算为其比值，再将比值描在雷达图中，并以虚线或粗实线相连。

例如，某企业各指标本期实际值及同行业平均水平如表7-1：

表 7－1 企业各指标实际值与同行业平均水平比较

	流动比率		安全边际率		市场占有率		流动资产周转率	
	指标	比例	指标	比例	指标	比例	指标	比例
同行业平均水平	210%	100%	42%	100%	20%	100%	5%	100%
本企业 1999 年水平	190%	90%	40%	95%	24%	120%	4.5%	90%
同行业平均水平	14%	100%	16%	100%	22%	100%	10%	100%
本企业 1999 年水平	12%	85%	14%	87%	20%	91%	12%	120%

企业财务状况雷达图如 7－1 所示：

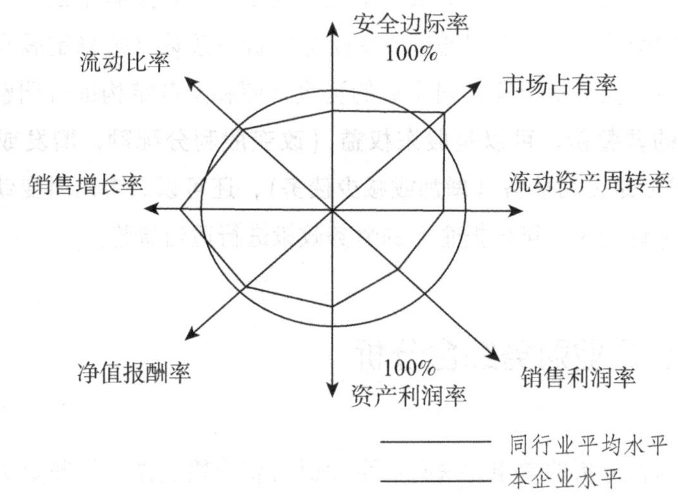

图 7－1 企业财务状况雷达图

从图中可见：该企业整体效益与行业平均水平相比不理想。企业的流动比率、安全边际率、流动资产周转率、销售利润率和资产利润率指标与行业平均水平有一定距离，其他指标还比较理想。所以企业应该努力扩大销售、降低成本费用、增加利润。

（二）杜邦分析体系

杜邦分析体系是利用经济评价指标间的内在联系，对企业综合效益进行分析评价的方法，最初由美国杜邦公司成功应用并因此得名。该体系是以净值报酬率为龙头，以资产报酬率为核心，重点揭示企业获利能力及其前因后果，因而亦可称为资产报酬率分析体系。

由此可见，净值报酬率受资产报酬率和资产负债率两方面影响，其中最主要的又是资产报酬率，它是净利润与资产总额的比值，体现全部资产的盈利能力大小。而资产报酬率的大小又受销售效益指标销售利润率与资产使用效率指标资产周转率两方面所影响。销售利润率是净利润与销售净额之比，它对资产报酬率具有决定性意义：销售利润率提高，才能提高资产报酬率；若销售亏损，则资产报酬率会呈现为负数。**资产周转率是销售净额与资产总额之比，它对资产报酬率有促进意义：若有销售利润率，则资产周转率越快，资产报酬率越大；反之则越小。**公式如下：

资产利润率 = 销售利润率 × 总资产周转率

通过杜邦财务分析体系自下而上的分析可知，企业综合效益好的根本原因是所得大于所费，即获得利润，这就要求企业一方面注重扩大销售，同时还要注重节约各项成本、费用。在此基础上加速资金周转、提高资产效率。只有这样，才能提高资产获利能力，提高资产报酬率。但要提高净值报酬率，还必须善于运用财务杠杆，妥善安排财务结构，尤其是要善于运用负债财务。由该体系自上而下分析，则可了解企业获利能力强弱的原因，从销售效益、资产运用效率及财务结构等主要方面，分析它们各自的状况好坏及其对净值报酬率大小的影响程度，从而对企业效益进行综合评价。

可以说，杜邦分析方法的作用主要是解释各项主要指标的变动原因和揭示各项指标相互的关系。可以通过把握各项指标之间的内在关系，根据杜邦分析提供的有关信息，判断企业财务活动的业绩和问题，有针对性地提出改进措施。

（三）Z 计分法

最初的 Z 计分法是由美国的爱德华·阿尔曼创造的，用以计量企业破产的可能性。可是，后来 Z 计分法也被大量地作为一种方便的综合分析的方法。运用多变模式思路建立多元线型函数公式，即运用多种财务指标加权汇总产生的总判别分（称为 Z 值）来预测财务危机。其判别函数为：

$$Z = 0.012X_1 + 0.014X_2 + 0.033X_3 + 0.006X_4 + 0.999X_5$$

式中：

Z 为判别函数值；

X_1 = （营运资金/资产总额）×100；

X_2 = （留存收益/资产总额）×100；

X_3 = （息税前收益/资产总额）×100；

X_4 =（普通股和优先股市场价值总额/负债账面价值总额）×100；

X_5 = 销售收入/资产总额。

该模型实际上是通过五个变量（五种财务比率），将反映企业偿债能力的指标（X_1、X_4）、获利能力指标（X_2、X_3）和营运能力指标（X_5）有机联系起来，综合分析预测企业财务失败或破产的可能性。**一般情况下，Z 值越低，企业越可能破产**。阿尔曼还提出了判断企业破产的临界值：如果企业的 Z 值大于 2.675，则表明企业的财务状况良好，发生破产的可能性较小；反之，若 Z 值小于 1.81，则企业存在很大的破产危险。如果 Z 值处于 1.81 ~2.675 之间，则处于阿尔曼所说的“灰色地带”，进入这个区间的企业财务状况是极不稳定的。

企业研发战略

要保持巨大的成功，比获得巨大成功要困难得多。因此，在没有外界压力的条件下也要追求持续创新，并时时传达一种远景和紧迫感，以不断超越昨天的智慧，迎接今天的现实。

——〔法〕埃克·菲弗尔

一、科学研究与技术开发

（一）基本概念

什么是科学？至今尚未有一个统一的定义，作为一般认识，我们可以把科学的定义表述为：科学是正确反映客观事物的本质和规律的知识体系，也就是说，科学是反映客观事物的本质和规律的知识，而且不是那种零星、点滴的知识，而是系统化的知识。知识首先要集合成学科，而科学是各种学科知识的总和，是宏大的“知识体系”。更严格地说，科学是一种建立在实践基础上的，经过严密论证和实践验证的，关于客观世界各个领域事物本质和运动规律的知识体系。因为科学是一种知识系统，是人们对客观世界的认识，所以科学的性质属于意识形态的范畴。科学虽然具有推动社会发展的功能，但这种功能是潜在的，因此科学还是一种潜在的生产力。

所谓研究，是针对某个主题的科学知识进行大量的、系统地、反复地探索，通过对事物现象的周密调查与反复思索而揭示出事物的本质，这是一个重要的科学调查与分析的过程。

所谓科学研究是指任何为增加科学、技术知识储备和发明新的应用所从事的系统的、创造性的活动。

为了有效地进行科学研究的管理，和制定科学的政策与策略的需要，根据国际通用的方法，人们将科学研究划分为三种类型，即基础研究、应用研究和实验研究。基础研究是为了增加科学知识和发现新的探索领域而进行的创造性活动，不考虑任何特定的商业目的，基础研究的成果常常对广泛的科学领域产生影响，说明一般的和广泛的真理，其成果也常常成为普遍的原则、理论或定律，因此基础研究需要更长的时间和更多的相关科学知识。从单个企业的观点来看，基础研究处在没有吸引力的地位，但从长远看，排斥基础研究将不可能有长期的创新。应用研究是运用基础研究取得的科学知识，探索和寻找有实用目的的新知识和可能的新的技术途径。区分基础研究与应用研究的主要标志是商业目的性，如果进行研究时已考虑到某一特定的实际应用目标，那这种研究就是应用研究；相反，进行研究时并未考虑到任何实际应用目标，那就是基础研究。**应用研究具有针对一定实际应用商业目的去发展基础研究成果的性质，又为达到某些特定的和预先确定的实际商业目标提供了新的方法或途径。**实验研究也叫发展研究，它是运用基础研究和应用研究的知识成果，寻求明确具体的技术解决方案的研究，其研究结果是取得生产中实际应用的新产品、新工艺、新设备、新材料等，它是同企业生产发展的需要紧密结合的，因此既是科学研究的工作，又是技术开发活动。就产品而言，实验研究是以具体的产品为对象，对实际型号、规格样品方案进行探讨，包括设计、试制和试验工作，直到新产品定型确认可以正式交付生产或投入市场为止的全部研究开发工作。基础研究、应用研究与发展研究的特点及区别见表 8－1。

表 8－1　基础研究、应用研究、发展研究的特点

	基础研究	应用研究	发展研究
目的	探求新原理、新知识	探求新知识应用的可能	把研究成果应用到生产上、工程上
性质	探求发现新事实、新规律	发明新事物	完成新产品、新工艺、实用化实物、产品、工程
对象	自然现象、自然物	利用自然现象、自然物实现人工体系（工程），实现人工物件（产品），实现人工现象（技术）	
内容	发现新现象和事实，追求内在联系，关于预言规律产生的后果、作用、意义	科学成果应用可能性，追求最佳条件系统新工艺、新产品、新发明	产品设计、产品试制

表 8-1（续）

	基础研究	应用研究	发展研究
事例	法拉第电磁感应原理、核裂变研究、美国贝尔公司雷达矿石的性能研究	西门子励磁发电机、核潜艇研究、日本TR-1型半导体收音机	爱迪生发电厂核燃料生产技术、索尼 TR-55型半导体收音机一次生产 300 台
方法	归纳-分析-展开，假设-实验-理论	演绎、发散、试行	收敛、建设、知识综合、试验
计划	自由、没有实际指标	比较灵活、变更较多	比较慎重、变化少、解决问题
时间	没有限制，一般较长	不严格、较长期	严格、一般为短期
成果	论文、专著	论文、专利报告	新产品、新工艺、新材料、设计书、专利、数据
成功	没冒险性，成功率小，不到 5% ~10%	冒险性很大，成功率较大（50% ~60%）	冒险性较小、成功率较大
管理	不严格、自主、尊重科学家意见，不需急于做出评价	适当时候进行有组织的评价，尊重创造精神	要求严格、组织严密有期限，要求最后验收使用

什么是技术？技术是人类在认识自然和改造自然的反复实践中积累起来的改造自然的劳动手段、知识、经验、方法和技巧的总和，具体表现为硬技术与软技术的统一。所谓硬技术，是指物质形态的技术，包括人们在劳动过程中用以改变或影响劳动对象的一切物质资料，其基础和核心是劳动工具的改善和进步。所谓软技术，是指知识形态的技术，包括工艺、制造技术、生产组织与管理技术等，它是科学地组织生产力的诸要素的重要手段。没有先进的软技术，特别是现代化的经营管理技术，硬技术也不可能发挥应有的作用，只有软、硬技术融为一体，相辅相成地协调发展，才能有效推动技术进步和经济发展。

什么是开发？开发是指运用科学知识，对基本思想、基本原理作进一步的发展，以产生一种新的物质形态。

技术开发，是指科学上的发现或发明，通过应用研究、开发研究转化为社会生产的全过程。技术开发有广义和狭义两种。广义的技术开发，包括与产品、技术发展相联系的定向基础研究、应用研究、实验研究直到生产的全过程。狭义的技术开发，不包括基础研究，仅包括由应用研究、实验研究直至生产的过程。例如半导体的发明可以简化为这样一个过程：由海森堡和薛定锷的量子力学奠定理论基础，经过应用研究，产生了半导体电子技术；半导体电子技术推动了半导体理论的形成，反过来促进半导体电子技术的完善，通过对半导体电子技术的开发研究、中间试验、成果推广以及生产试验等环节，才形成半导体产品的生产，这个过程就是广义的工业技术开发，而半导体电子技术从产生到形成半导体产品生产的过程，即是狭义的技术开发。

由以上分析我们可以看出，科学研究侧重于对客观世界的认识，技术开发则更侧重于客观世界的改造。国际上通行的科学技术领域的术语叫研究与开发，即“Research and Development”。

（二）企业研发战略的要求

科研和开发与企业的经营和发展的关系是辩证统一的。企业的生存和发展，必须不断满足消费者经常变化的市场需求，这表明社会对新技术、新产品的需求是永恒的，企业科研和开发的动力是永远存在的。同样，企业科研和开发能力的加强，起着不断引导消费，促进社会进步和企业发展的作用。

可见，需求和开发是紧密相连的，两者的结合必然产生新技术、新产品。需求来源于市场，开发依赖于科技，通过企业生产开发，使科学技术转化为产品，满足市场需求。因此，企业的开发必须是建立在市场需求的基础上，而不应以企业现有的科技力量为基础决定产品开发。因为市场需求是不断变化的，企业的科技力量也是可以调整发展的，要缩小科技和开发之间的距离，就必须使科研和开发面向市场需求。任何产品和技术都有一定的生命周期，企业为求得继续发展，在经营过程中必须不断研制和发展新产品、新工艺。企业依靠现有的产品和工艺，可以维持企业的中、短期利益，但要确保长期获利和长期发展就困难了。

要确保企业的生存和发展，必须在依靠现有产品和工艺取得的收益率和依赖将来的新产品和新工艺取得的收益率之间，建立起适宜的均衡关系。因为前者能提供维持企业中短期生存的基础，后者能提供实现企业长期发展的事业基础。由于科研和开发决定企业的长远发展，因而有人提出企业的战略问题可以归结为科研和开发问题，可见科研和开发战略在企业战略体系中的重要性。

企业的科研和开发战略，是要充分估计10年、20年后企业可能的状态，从长远的观点看企业必须经营的产品领域，从而在构思企业基本发展方向和未来经营项目的基础上配合进行技术开发、产品开发。因此，企业应首先了解现有产品和工艺所处生命周期的各个阶段，以及现在正在开发中的产品处于各自生命周期的哪一个阶段，企业可根据其技术力量决定其营销策略：延长其成熟期或提前进入衰退期。然而，科研和开发战略的主要对象是未开发或开发中的产品，企业总是期望能开发出被未来消费者广泛接受的产品，通过市场营销活动，使其成为企业未来长期的、稳定的收益基础。**只有富有生命力的新产品不断取代老产品，才是企业生存和发展的动力源泉。**

二、企业研发战略的类型与标准

（一）进攻型战略

这种战略的目的是要通过开发或引入新产品，全力以赴地追求企业产品技术水平的先进性，抢先占领新市场，在竞争中力争保持技术与市场强有力的领先地位。这一战略可分为三个不同的重点：第一种主要是通过科研，包括基础研究和应用研究进行创新、开发新产品；第二种是要集中力量，通过对市场潜在的有效需求的调查研究、促使技术知识物化为新产品；第三种是企业家的创新偏好，它可以引发并促成技术创新，使企业家主动性及创新精神得到最大限度的发挥，以此开发出新产品。

采用此战略的条件是：企业应有独立的研究和开发机构，有较强的技术研究开发能力和雄厚的财力。要求企业能从技术上预见到未来市场的潜在需求。采用该战略的企业为保持垄断利润，对创新产品及技术进行专利保护。企业应有能力批量生产新产品，去占领较大的市场。这种战略代价高、风险大，对企业的要求也高，但企业研制的新产品在技术上是先进的，所占领的市场不会轻易被竞争者夺走，因此该战略取得成功后能给企业带来巨大利益。

（二）防御型战略

防御型战略又叫追随战略，这种战略的目的是企业不抢先研究和开发新产品，而是当市场上出现成功的新产品时，立即对别人的新产品进行仿造或改进，并迅速占领新市场。

选择这种战略的优点是：第一，它避免了应用研究乃至可能进行的基础研究的长期而又不明确研究前途的大量投资，大大减少了投资风险性；第二，该战略是对新产品加以改造后推向市场，克服了新产品在其最初形态带来的缺陷而使企业能够后来居上，因为一种新产品刚上市时并不是完美无缺的，常会造成部分顾客不满，如果追随者能克服这些缺点，则可使其产品更为优越可靠。**因此，防御性战略尽管在科学技术上没有做出什么重大的发明创造，但对企业的发展却十分有利，这种战略以收效快、成本低、高性能、高质量来占领市场，赢得利润。**例如，当日本索尼公司发明了录像机并在市场上取得成功时，松下电器公司立即对市场进行调查，发现索尼公司的录像机有两大缺点，即录像容量小，放映时间短。于是松下电器公司组织科技人员攻关，努力在索尼公司录像机的基础上生产出更多消费者欢迎的录像机，经改进后的松下录像机容量大、质量可靠、价格便宜，最终在竞争中获胜。

采用该战略的缺点是：一是新产品技术受专利保护的影响，使得采用防御战略的企业一时难以进入该领域经营，而要等到专利失效时为止；二是市场开拓的有限性，即当企业获得情报后，立即进行消化、吸收及创新，当制成产品进入市场时，则市场的相当大的一部分已被领先企业所占领，因此企业市场占有率较小，在价格上也难以占有优势，因而企业收益也会受到相当大的影响。

（三）技术引进型战略

这种战略的目的是要利用别人的科研力量，替代企业开发新产品，而是通过购买高等院校、科研机关的专利或科研成果来为本企业服务。通过获得专利许可进行模仿，把他人的开发成果转化为本企业的商业收益。

该战略的优点是，进行仿制可以达到收效快、成本低、风险小的效果。据统计，仿制所需时间仅为独立研究开发时间的1/5，所需经费仅为独立研究开发经费的1/30，因此有时大企业往往也会采取这一战略。

该战略的缺点是：由于是模仿，有可能利润较少，同时企业技术水平将永远落于技术输出方企业，一般大中型企业不能在较长时间内以此战略作为本企业研究与开发战略的主体。从长远来看，过多地依赖引进，势必逐渐削弱企业科技队伍的独创能力和活力，使企业受损，因此技术引进战略在大企业中一般只作为辅助性战略加以应用。

在实施技术引进战略中应注意引进适用技术。适用技术是指适合于本国、本地区或本企业经济条件和环境技术条件，能产生最佳社会经济效益的一种技术，亦称适宜技术。

同时，在技术引进中还要重视消化、创新。即在引进基础上，在一定的技术领域内，利用本国技术力量独立研究出新的技术，开发出新的产品。**能够自主开发才是技术引进的最终目的。**

在技术引进中要特别重视智力引进。一个有远见的企业家应当特别重视引进人才，特别是关键领域的优秀科技人才，依靠他们，才能较快地开发出新技术、新产品，促进本企业科技队伍更快地成长起来。

（四）部分市场战略

部分市场战略也叫依赖型战略，这种战略主要是为特定的大企业服务的，企业用自己的工程技术主要满足特定大企业或母公司的订货要求，不再进行除此以外的其他的技术创新和产品的研究开发，只要不失去为之服务的特定大企业，就可以不必为追求发展而进行各种冒险创新的事业，也就能安全稳定地经营。

该战略的优点是：按订货要求或母公司专业化的需要，在条件允许的情况下，模仿现在已有的开发成果；一般企业不进行新产品的研究开发工作，只完成专业化协作部分的生产任务；这类企业的研究开发工作的重点是在材料及生产工艺方面进行革新以达到降低成本的目的。

该战略的缺点是：一旦特定大企业的产品生命周期进入衰退期，则为之服务的企业的经营也将陷入困境，因此要求企业具有适合不同用户要求的灵活性。

企业必须根据自己的经营战略、战略环境条件进行选择，表 8－2 列举了不同研究开发战略的特点及适用情况，以及它们对各职能部门的要求。

表 8－2　研究开发战略的特点、适用情况与对职能部门的要求

各项特征 / 研究与开发战略	企业的特征	市场的特征	财务方面的特征	研究开发	制造	营销	财务	组织工作	时机选择
进攻型战略	• 在技术能力（包括人力、设备等）营销力量等方面有足够的保障，并且领导重视	• 市场对新产品的需求迫切，推销费用低	• 成本较高但潜在利润大	• 需要最先进的研究开发成果	• 重视试制与小批生产	• 侧重于激发初始需求	• 需筹措能用于风险性开拓的资金	• 强调灵活性 • 鼓励敢于担风险的精神	• 早期进入，开创产品生命周期
防御型战略	• 科研能力一般但开发工程能力很强 • 有灵活的组织能力与非常敏捷的反应	• 市场容量大，非领先进入市场的企业所独占	• 成本相当高，但比领先者的成本低很多	• 需要灵活的、反应快的研究开发能力	• 需要有建立中等生产规模的能力	• 能进行多种经营，激发起第二次需求	• 能迅速筹措到大量资金	• 能将灵活性与高效率相结合	• 在成长期的早期
技术引进型战略	• 研究力量很少，或几乎没有，有一定的开发力量。非常擅长于低成本生产 • 研究开发费用低	• 进入市场时，有能力在价格上进行竞争	• 低成本和薄利 • 在短期内仍可获取较大利润	• 需要有工艺开发与降低成本的能力	• 需要高效率与自动化的大量生产能力，足以降低成本	• 能使销售与分配费用降到最低	• 需筹措大笔资金	• 强调高效率与分级控制	• 在成长期的后期或成熟期初期进入
部分市场战略	• 擅长生产热门产品 • 有良好的工艺开发与组装能力 • 营销部门与研究开发部门配合好	• 现有产品仍有市场，但已为竞争者的改进产品所威胁 • 在技术市场方面无重大突破	• 研究开发费用不大，但有时销售费支出大，利润低，但相当长时间内销售量很大 • 有时可借助于改进工艺取得较高利润	• 需要有工程应用能力，迎合用户要求的能力与设计新的先进产品的能力	• 需具备中短期生产的灵活性	• 能分辨出并找出有利的市场面	• 需筹措一定数量的资金	• 能适应不同用户要求的灵活性与管理	• 在成长期进入

（五）科研和开发的标准选择

企业对科研和技术的要求程度，因企业所属产业的不同而不同。例如，处于技术革新状态的信息产业研究费占销售额比重远远高于已经成熟的钢铁产业。从企业来看，大体上都出现同样的趋向。

关于企业对研究开发应该下多大力量，则因要求而异，而且企业在经营上对研究开发所付出的力量也有一定限度。**就是说，为了企业生存和发展，内部开发所做的努力必须有个最低限度；反之，不顾轻重缓急一味追求负担过重的研究开发也不妥当。**因此必须划定一个界限。

对企业来说，首先必须考虑规定最适宜的研究开发标准。然而，最优的研究开发标准只能是在观念上构筑的概念，可供在现实中使用的标准是很难掌握的，特别是预测由研究开发产生的未来收益的最优标准，具有极大的不确定性。而且现在进行的研究开发，是否真能带来成果，也是不确定的。

研究开发未来的不确定性，给确定最优标准带来了困难。但是，企业为了长期存在和发展，期望通过研究开发获得成果，为解决这个困难，就要求根据一定的适当标准维持长期稳定的开发水平。唯有连续不断地研究开发，才能称为指导企业内部要求的最优原则。下面我们阐述一些常用的方法。

1. 从占总利润收入的比例来确定政策的最大限度

有些企业认为联系总利润收入来考虑科研和开发的预算支出，比从销售收入的角度出发要合理明智。管理部门考虑向科研和开发项目投资资金，而又不因此过多地占用现有利润，给企业的财务带来危机，就必须注意从总利润收入中划分出有限范围，而允许的最大范围取决于企业用于应急的机动基金数目。企业的科研和开发基金占总利润收入的5%～20%之间（以行业而定），是较合适的有限范围。这个范围虽不很准确，但至少可确定最大限度的科研和开发的年度预算范围（用于特殊项目的特殊资金不在此列）。

2. 用保持与竞争者同步的数目来确定政策的最小限度

在技术密集型行业，任何企业想要维持（或获取）一特定的市场地位，必须从事一定的科研和开发，以保持其前进的步伐。**换言之，竞争者科研功能的规模确定了企业最低的选择限度，如低于这个限度，会走向死胡同。这种最低的限度仅是大致的数据**。由于两家企业不会有完全相同的生产线，所以，一个企业可以在某些产品上追求进取型科研政策，而对其他产品实行防御型政策，逐步淘汰遗留的产品。在比较竞争者的科研功能时，要对这种组合政策留有余地。总之，经过几番调整，研究竞争者的科研活动揭示出的科研和开发的最低限度，能使企业在现有的市场中谨慎抉择，开展稳妥的科研活动。

3. 最佳点的选择必须以本企业的具体情况而定

企业的研究开发标准，必须和企业具体情况联系起来确定。由于企业的具体情况是现实的，同时以将来的方向为指针，把由此导致的企业基本目的、具体计划、构思经营项目和经营机会综合起来，便形成了研究开发的技术开发战略。同时考虑应该对研究开发分配经营资源（人力、物力和财力）例如，企业有两个重要因素值得考虑：不可忽视在一定活动水平上的稳定性，有效的科研和开发不可能在几天的热情中明显地扩展或缩小；如果需要时间招聘素质高的科研和工程技术人员，安装科研设备，建立协调的工作关系等，那么，管理部门应该制定较为长期的政策，当改变有关政策时，对原有的进展，应及时评定其价值效果。

另外，设立限度也不能忽略企业消化其科研和开发部门产出的能力。**换言之，科研和开发成果必须与企业的实际利用能力相适应**。如果企业缺乏资金、管理人才和其他必要的资源因素，无能力在一年内开发两项新产品，而科研和开发部门要是有五个左右的新产品设想，企业自身的消化能力便会失去均衡。

上面我们只是从理论上阐述了如何选择科研和开发标准的原则。下面我们再从企业现实的具体经营状况的角度来分析一下选择科研和开发标准的方法：

第一，以研究回收投资的预期收益为基础的方法。关于研究开发和将

来收益如何联系问题，在现实中能否以可行的方法把双方联结在一起，尚在摸索阶段。

第二，研究开发费占年销售额一定比率的方法。一般销售额比较稳定时，研究开发要求的连续性和一贯性可以得到满足；在销售额增减剧烈时，则应随变动调整。也可以考虑按累积投资额的一定比率作为当年研究开发费用标准。不过，关于原有投资和将来的研究开发费能否联系的问题仍然存在。

第三，连续支出固定的研究费方法。为了企业的生存和发展，研究开发必须是连续的和稳定的。这一点最能满足企业的要求。反之，一旦失去研究开发的活力，就有官僚化的危险性。**重要的是保持固定费用标准和研究开发活力的均衡。**

三、新产品开发

所谓新产品，是指在原理、结构、性能、材质、用途等方面具有新的改进或新的创造的产品。

（一）新产品开发的方式

新产品开发的方式有多种多样，大致可以分为如下几个方面：

1. 独制方式

企业通过自己的开发部门，对社会潜在的消费需求或现有产品存在的问题，开展基础理论和应用研究，从而设计出具有突破性的新产品。这要求企业有较雄厚的资金和较强的研究和技术力量。

2. 契约方式

企业通过提供给社会上独立的研究机构、研究人员一定的研究和开发费用，委托其研制本企业特定产品。这种方式充分利用社会上的理论，应用科技力量，减少本企业用于这方面的基础投资和长期研究费用，从而达到第一种方式的结果。

3. 企业研制与技术引进相结合的方式

这是指企业在研制新产品过程中，利用现有的技术力量，通过购买专利或专有技术等形式，引进部分关键性技术设备等，使现有技术与引进技术相结合，从而开发具有本企业特色的新产品。这种方式既能使新产品在国际市场上有一定的竞争力，又能使引进技术发挥较大的经济效果。这种方式是目前国际上最常用的方式。

4. 直接引进技术方式

这种方式可减少本企业的科研经费和力量，加速企业技术发展，短期内收效，这种方法在发展中国家的企业较为常用。

（二）新产品开发的战略选择

企业可选择的新产品开发战略很多，必须按照上一节所述的基本原则来选择。这里主要介绍从市场竞争和产品系列角度考虑的四种开发战略：

1. 抢先战略

企业开发的新产品，要在其他企业还未开发，或还没开发成功，或开发的产品尚未投入市场前就抢先开发、抢先投入市场，从而使企业的某些产品处于领先地位。**采用抢先战略的企业，一般来说要有较强的研究与开发能力，要有一定的试制与小批量生产的能力，还要有足够的人力、物力和资金，以及勇于承担风险的决心。**

2. 紧跟战略

企业发现市场上竞争力强的产品，或才发现刚露面的畅销产品，就不失时机地进行仿制，并迅速将仿制的新产品投入市场，这就是紧跟战略。采用紧跟战略的企业，一般要具有两个条件：一是要对市场信息收集快、处理快、反应快，并具有较强的应变能力和一定的研究开发能力；二是要有一个高效率的研究与开发新产品的机构。这样，才能及时地把仿制的新产品开发出来，投入市场。大多数中小型企业都可以采取紧跟战略来开发新产品。

3. 产品线广度战略

产品系列是指与生产技术密切相关的一组产品。一个企业拥有的产品系列的数目，称为产品系列的广度。产品线广度战略按选择宽窄程度，又可分为两类。一是宽产品系列战略，是指企业生产多个产品系列，每个产品系列又有多种产品。二是窄产品系列战略，是指企业只生产一两个产品系列，每个产品系列也只有一两种产品。

小区划补缺者企业往往采用窄产品系列战略。在一个窄小的产品线内，集中力量攻克一两产品，成为特色产品。

宽产品系列战略是一种多样化经营战略，产品多样化经营，不仅分散了市场营销过程中的种种风险，也避免了单一产品生产的单一化风险，尤其是在产业变革的时代，生产单一化风险是极高的。因此，许多大型跨国企业在20世纪70年代末期以来加速了产品多样化经营战略和策略的实施。多样化战略的理论基础是波士顿矩阵法，每类产品都可以根据市场占有率高低和销售增长率的高低列入四部象限，详见表8－3。

表8－3　产品的四部象限

市场占有率 / 销售增长率	高	低
高	①明星	③疑问
低	②金牛	④瘦狗

从产品开发的角度，企业可采取以下战略来拓宽产品系列：

第一，对“明星”产品采取大力开发的对策，在各种资源（包括资金和技术力量）的分配上把“明星”列为重点，优先保证，避免使“明星”产品因经营不当变为“疑问”产品。在经营得法的条件下，随着时间的推移，“明星”可渐渐变为“金牛”。

第二，对于“金牛”，应以保证资金顺利周转为首要目标。由于“金牛”很难回过头来变成“明星”，又易因管理不当而滑向“瘦狗”的边缘，因此，企业大多采取维持性对策，以此为基础，努力提高“金牛”的盈利总额。

第三，对“疑问”产品采取密切注视市场供需动态和对该产品的开发和投资采取小心谨慎、不轻易投入大量经营资源的对策。

第四，对“瘦狗”产品，采取从产品组合中逐步剔除的对策。

4. 产品线深度战略

每个产品系列内品种规格的大小，称为产品系列的深度。由于新产品新生命开发战略是在产品生命周期内进行的，因此处于寿命周期的不同阶段，这种战略表现出了不同的特色。

其一，当产品进入介绍期时，采取尽量得到消费者信息反馈的战略，以便使生产部门进一步完善、改良该产品的性能设计。

其二，当产品进入成长期，销量迅速扩大之时，有一定实力的企业可以以该产品为基准，及时推出它的系列产品（产品线），以便尽量占领多个细分化市场。此即对同一产品市场中不同消费者群作区隔分析，使每一区隔的消费者群体的特殊需求得到满足。大企业往往在一系列产品上构成其他对手难以克服的“进入障碍”，以此控制该类产品的国际市场。同时，由于推行产品系列化，公司拥有一个产品“族”，它们或以相同的品牌，或以不同的品牌行销在国际市场上。这样，当一种牌子行销无效时，还有其他几种牌子的产品可以顶上。

其三，当产品逐渐由成长进入成熟期时，产品的利润量已达高峰，该产品可以找到的定位消费者几乎全部找到，这时，企业一般多采取产品改良方法，将前些时期的市场开拓战略改为市场渗透战略，即从企业而言，产品的物理化学特性已经完全定型不变了，无潜力可挖了。市场竞争转向外形、包装、商标、价格诸方面。

其四，当产品进入衰退期时，可采取两种对策，一是淘汰产品，二是寻找新的市场，延长产品生命力。

四、技术保护与技术转移

（一）技术保护形式

企业花费了巨大的心血，凝结着决策者的胆识、研究人员的智慧和企

业的金钱与时间的技术成果，需要企业保护好，尽可能地利用现有的法律，条件，采用各种形式对其加以保护，以期最大限度地垄断该项技术，延长技术的商业生命，创造最大限度的效益。正所谓“打江山难，捍卫江山更难”。**技术保护得好坏，对企业的效益会有很大的差别。许多企业不知道应该怎样保护自己的技术成果，致使企业蒙受巨大损失。**企业可选择的保护形式一般如下：

1. 申请专利

专利是法律授予的，并且可以依法行使的一种权利。专利保护的实质是专利申请人将其发明向公众进行充分公开以换取对发明拥有一定期限的垄断权。其保护范围限于所申请的国家和地区。专利期限一般为 15 ~ 20 年，超过规定的期限，便不受法律的保护，专利就变成公开技术进入公共领域。

2. 采用工商秘密形式

工商秘密是新技术发明企业通过在企业内部保密的办法垄断新技术。它是一种民间保密形式，不像专利那样具有法律效力。工商秘密这一保护形式具有任意性、广泛性和长久性。

3. 申请商标

商标是一种特殊标志，用来区别某一组织的与其他组织相同或类似的商品和服务。商标通常是法律授予的永久性所有权，可以长期维护商标使用者的产品信誉的影响力。

技术保护形式的选择，取决于技术的特性、国际竞争情况以及各形式的特点。自 19 世纪中叶欧洲产业革命以来，专利保护意识得到了迅速的发展和受到了企业的普遍欢迎，大多数发明人和企业都采用这种形式来保护其技术成果。目前，专利保护仍然是企业维护技术优势的主要形式。专利保护的最大优势在于其严肃性和权威性，它受到国家法律的严格保护。但是，要取得专利保护同样要经过严格的法律程序，要受到主题、地域和时间等方面的限制。这不可避免地与技术本身的特性有所冲突。例如，有些技术或产品的商业寿命要长于专利的保护期限，而有些技术却可能很短，只有几个月的商业寿命。对于前一类技术而言，显然申请专利等于缩短了该技术创造效益的时间，如果企业有充分把握长期独占该项技术，则不愿去申请专利；对于后一类技术而言，企业申报专利所花费的时间，可能要超过该技术本身的商业寿命，这就使申请专利变得毫无必要，还不如采取一些保密手段，抓紧时间尽快充分地发挥该技术的商业价值。当然这样做必须承担技术泄露，或秘密被其他企业掌握，却无法受到法律保护的风险。可见，是否申请专利，也是一项重要的决策。还有一类技术，其本身的技术特点达不到专利保护的要求，或是按法律规定不予法律保护，对这类技术，企业只能采用保密的手段。

因此，企业在选择专利保护或是工商秘密的形式来保护技术时，必须综合考虑市场的状况、技术的发展、竞争状况以及法律保护对企业的影响等因素慎重决定。例如，可口可乐公司正是根据饮料需求会长期存在，饮料市场竞争激烈的基本估计，考虑到可口可乐配方技术不易被外界企业分析、仿制得到的特点，为长期保持其在竞争中的优势地位，采取了保护饮料配方的秘密的方式，成功地维持了其竞争优势达半个多世纪。

（二）技术转移形式

技术的拥有者不一定是技术的使用者，科研和开发的成果可以由开发者转让给生产者，以实现其商业价值。所谓技术转移就是指作为生产要素的技术，通过有偿或无偿的方式，从一企业流向他企业的活动过程。它包括技术的传递、吸收和消化，即只有当接受企业利用本企业人员设计、使用、保养和修理某个预期的项目时，才算是完成了一个完整的技术转移。技术转移按不同角度有以下几种不同的分类方法：

1. 技术转移的形式

第一，按可供转移的技术成果内容，可分为产品实物形式的技术（设备）、劳动过程形式的技术（如工艺）和信息形式的技术（如配方）。也就是说“技术”不仅包括有形资产，而且也包括操纵、维修和管理无形资产，并与销售系统有效结合的那些工艺管理技能或软件。

第二，按转移技术成果的渠道，可分为市场渠道和非市场渠道。非市场渠道是指非营利性的技术交流和技术援助。随着产业高度化，技术密集程度提高，技术要素的重要性日益显著，用于开发新技术的投资越来越大。因此，技术商品化趋向加速，市场渠道中流通的技术增多，市场渠道起到了越来越主要的作用。本节主要分析市场渠道的技术转移。

第三，按技术转移的企业对象分，可分为内部化市场转移和外部市场转移。大企业的技术转移，例如跨国经营企业的国际技术转移越来越注重内部化市场。这是因为外部市场转移相对于内部市场转移有不少弊端。如一是专利制度的不完善，使营销、管理技术等一些具有经济价值的信息得不到保护。二是转移方较难控制在外部市场转移的技术，从而增加泄密风险。三是内部市场转移比外部市场转移更能相互利用信息优势。

第四，按技术转移的手段，可分为直接投资、合资经营、许可证贸易、特许专营、合作开发、合作生产、补偿贸易等。

2. 影响技术转移形式选择的因素

企业在比较选择各种方式时，必须综合考虑各种因素，这些因素如下。

第一，被转移的技术性质。企业应根据技术的特性来选择技术转让的最佳方式。例如计算机软件产品，其技术特性主要表现在设计环节和使用环节，转让的形式就较多地采用合作研究与开发或者许可证转让。又如包含着大量专有技术的化工产品制造工艺，从头到尾形成了一揽子的专门技术，往往是通过工程承包形式来进行转让。

第二，技术变化所致的产品寿命周期长短以及技术所处的寿命阶段。从产品寿命周期的发展过程来看，出口、直接投资和许可证贸易这三种技术优势开发方式存在一定的相互替代关系。在创新阶段，市场大、研究开发资金较多的跨国经营企业在开发新产品、新工艺方面取得优势以后，最有利的安排就是垄断技术，在国内进行生产，然后通过出口来满足国际市场的需要。因为对跨国经营企业来说，此时，控制和垄断创新技术是日后能否收回研究与开发费用、实现高额垄断利润的关键因素。其他形式的技术开发都会在不同程度上扩大泄密的风险，使跨国经营企业过早地失去技术优势，这无形中增加了转让的代价。在成长和成熟阶段，产品的样型已经确定，国外市场日益扩大，消费的价格弹性加大，这时，降低成本日益重要。同时，由于出口的扩大，企业原有的垄断技术也随之扩散到国外，其技术领先优势逐渐消失。另外，运输成本、关税壁垒也影响其产品在当地的竞争地位。于是企业便到国外建立子公司进行生产，把生产设备与技术一齐输出，一般总是输向收入水平较高、技术吸收能力强、需求类型与母国相近并且劳动力成本较低的地区以维持市场。在衰退阶段，产品完全标准化，竞争主要表现在价格上，这时跨国经营企业主要把设备技术等转移到原材料、工资成本均十分低廉的发展中国家进行生产，从而从技术和管理能力的外流中获得好处，以收回研究与开发的投资。但是如果东道国市场较小，或者东道国用进入壁垒限制外国企业直接投资时，跨国经营企业就可以采用许可证贸易来取代直接投资。

三，转移方式的经济效益。企业收益来源于产品的总附加价值，它主要由五部分组成，即：一为研究与开发的附加价值；二为加工过程的附加价值；三为装配过程的附加价值；四为市场分配的附加价值；五为销售过程的附加价值。技术转移方式选择的具体标准是总附加价值的最高增值。

企业经营战略实施

任何战略都需要从构想到最终转化为有效的实施，在这个转化过程中，企业必须明确认识到自己要发生什么样的变化，以及制定什么样的计划才能成功地实施战略。

——〔日〕松下幸之助

一、企业战略实施的基本概念

（一）企业战略实施的含义

企业经营战略在未实施之前只是纸面上或人们头脑中的东西，而企业战略的实施是战略管理过程的行动阶段，因此它和战略的制定一样，对企业发展极其重要的。在将企业战略付诸实施的过程中，有四个相互联系的重要阶段。

1. 战略发动阶段

在这一阶段中，企业经营者要研究如何将企业战略的理想变为企业大多数员工的实际行动，并调动起大多数员工实现新战略的积极性和主动性，这就要求对企业各级干部及广大员工进行培训、宣传及耐心细致的思想教育工作，逐步向全体职工灌输新思想、新观念，要提出新的口号和新的概念，批评某些不利于战略实施的旧观念和旧思想，使大多数人逐步接受新战略。对于一个新的战略，在开始实施时会有相当多的人会产生各种疑虑，而一个新战略往往要将人们引入一个全新的境界，如果员工们对新战略没有充分的认识和理解，它就不会得到大多数员工的充分拥护及支持。**因此，战略的实施是一个发动群众的过程**。要向群众讲清企业内外环境变化给企业带来的机遇和挑战，旧战略存在的各种弊病，新战略的优点及存在的风险等，使大多数员工认清形势，认识到实施新战略的必要性及迫切性，树立信心、打消疑虑，为实现新战略的美好蓝图而努力奋斗。在发动群众的过程中，要努力争取战略关键执行人员的理解和支持，若有个别干部对新战略不理解或不支持，企业领导人要考虑机构及人员的人事调整问题以扫清实施战略的障碍。

2. 战略计划实施阶段

将企业经营战略分解成几个战略实施阶段，每个战略实施阶段都有分阶段目标，相应地有每个阶段的政策措施、部门策略及相应的方针等。要制定出分阶段目标的时间表，要对各分阶段目标进行统筹规划、全面安排，并注意各阶段之间的衔接。**对于远期阶段的目标及方针可以概略一些，但对近期阶段的目标及方针则应尽量详尽些。**在战略实施的第一阶段更应使新战略与旧战略有较好的衔接，以减少阻力和摩擦，其第一阶段的分目标及计划应更加具体化和可操作化，应制定年度目标、部门策略、方针与沟通等措施，使战略最大限度地具体化，变成企业各部门可以操作的具体业务。

3. 战略具体实施阶段

企业经营战略的实施主要与下述六个因素有关，即各级管理人员的素质及价值观念、企业的组织机构、企业文化、资源结构与分配、信息沟通、控制及激励制度。通过这六项因素，战略真正进入到了企业日常的生产经营活动中，成为制度化的工作内容。

4. 战略的控制与评估阶段

战略是在变化的环境中实践的，企业只有加强对执行战略过程的控制与评价，才能适应环境的变化，完成战略任务。这一阶段主要是建立控制系统、监控效益和评估偏差、控制及纠正偏差这三方面工作。

（二）企业经营战略实施的基本原则

在企业经营战略的实施中会遇到许多在制定战略时没有估计到或不可能完全估计到的问题，因此，在战略实施中有必要遵循以下三个基本原则，以作为实施企业经营战略的基本依据。

1. 适度的合理性原则

由于经营目标和企业经营战略在制定过程中，受到信息、决策时限以及认识能力等因素的局限，对未来的预测不可能很准确，所制定的企业经营战略也不可能是最优的，而且在战略实施过程中由于企业外部环境及内部条件的变化较大，情况比较复杂，因此只要在主要的战略目标上基本达到了战略预定的目标，就应当认为这一战略的制定及实施是成功的。在现实生活中不可能百分之百地完全按照原先制定的企业战略行事，因此战略的实施过程不是一个简单的机械执行的过程，而是需要执行人员大胆创造，大量革新，因为新战略本身就是对旧战略以及与旧战略相关的文化、价值观念的否定，没有创新精神，新战略就得不到贯彻实施。**因此，战略实施过程也可以说是对战略的创造过程**。在战略实施中，战略的某些内容或特征有可能改变，但只要不妨碍总体目标及战略的实现，就是合理的。

另外，企业经营目标和战略总是要通过一定的组织机构分工实施，也就是要把庞大而复杂的总体战略问题分解为具体的、较简单的、能予以管理和控制的问题，由企业内部各部门乃至部门的各基层组织分工去贯彻实施，组织机构是适应企业经营战略的需要而建立的，但一个组织机构一旦建立就不可避免地要形成自身关注的问题及本位利益，这种本位利益在各组织之间以及和企业整体利益间发生一些矛盾和冲突，有时也是不可避免的，为此企业高层领导要做的工作是对这些矛盾冲突进行协调甚至折中、妥协，以寻求各方面能接受的解决办法，而不可能离开客观条件去寻求所谓的绝对合理性。只要不损害总体目标和战略的实现，还是可以容忍的，即在战略实施中要遵循适度的合理性原则。

2. 统一领导、统一指挥的原则

对企业经营战略了解最深刻的应当是企业高层领导人员，一般说来，他们要比企业中下层管理人员及一般员工掌握的信息要多，对企业战略的各个方面要求及相互关系了解得更全面，对战略意图体会最深，**因此战略的实施应当在企业高层领导人员的统一领导、统一指挥下进行**。只有这样，其资源的分配、组织机构的调整、企业文化的建设、信息的沟通及控制、激励制度的建立等各方面才能相互协调、平衡，才能使企业为实现战略目标而卓有成效地运转。

同时，要实现统一指挥的原则，要求企业每个部门都要接受上级的命令，但在战略实施中所发生的问题，能在小范围、低层次解决的问题，就不要放到更大范围、更高层次去解决，这样做所付出的代价最小，因为越是在高层次的环节上去解决问题，其涉及面越大，交叉的关系也越复杂，其代价也就越大。

这些原则看起来简单，但在实际工作中，由于企业缺少自我控制及自我调节机制或这种机制不健全，因而在实际工作中经常违背这一原则。

3. 权变原则

企业经营战略的制定是基于一定的环境条件的假设的。在战略实施中，事情的发展与原先的假设有所偏离是不可避免的，战略实施过程本身就是解决问题的过程，但如果企业内外环境发生重大变化，以致原定战略的实现成为不可能，显然这时需要把原定的战略进行重大调整，这就是战略实施的权变问题。其关键在于如何掌握环境变化的程度，如果当环境发生并不重要的变化时就修改了原定战略，这样容易造成人心浮动，带来消极的后果，缺少坚韧毅力，最终只会一事无成。但如果环境确实发生了很大变化而企业又不能及时做出反应，仍坚持实施已定战略的话，将最终导致企业破产。**因此关键在于如何衡量企业环境的变化。**

权变的观念应当贯穿于战略管理的全过程，从战略的制定到战略实施，权变的观念要求识别战略实施中的关键变量，并对它做出灵敏度分析，提出当这些关键变量的变化超出一定的范围时，原定的战略就需要调整，并准备相应的替代方案，即企业应对可能发生的变化及其对企业造成的后果，以及应变替代方案，都要有足够的了解和准备，使企业有充分的应变能力。当然，在实际工作中，对关键变量的识别和启动机制的运行都是很不容易的。

（三）企业战略实施的基本类型

在企业战略实践中，战略实施一般有以下五种不同的模式。

1. 指挥型

这种模式的特点是企业经营者考虑的是如何制定一个最佳战略的问题。在实践中，计划人员要向总经理提交企业经营战略的报告，总经理阅后做出结论，确定战略后，向企业高层管理人员宣布企业战略，然后强制下层管理人员执行。

这种模式的运用经营者要拥有较高的权威，靠其权威通过发布各种指令来推动战略的实施。

这种模式只能在战略比较容易实施的条件下运用。这就要求战略制定者与战略执行者的目标要比较一致；战略对企业现行运行系统不会构成威胁；企业组织结构一般都是高度集权式的体制；企业环境稳定，能够集中大量信息，多种经营程度低；企业处于强有力的竞争地位，资源较宽松。

这种模式的缺点是把战略制定者与执行者分开，即高层管理者制定战略，强制下层管理者执行战略，因此，下层管理者缺少执行战略的动力和创造精神，甚至会拒绝执行战略。

2. 变革型

这种模式的特点是企业总经理考虑的是如何实施企业战略。战略实施中，企业经营者本人可能在其他方面的帮助下要对企业进行一系列变革，如建立新的组织机构，新的信息系统，变更人事，甚至兼并或合并经营范围，采用激励手段和控制系统促进战略的实施，为进一步增加战略成功的机会，企业经营者往往采用以下三种方法：

第一，利用新的组织机构和参谋人员向全体员工传递新战略优先考虑的战略重点是什么，把企业的注意力集中于战略重点所需要的领域中。

第二，建立企业的战略规划系统、效益评价系统及控制系统，采用各项激励政策以便支持战略的实施。

第三，充分调动企业内各部分人员的积极性，争取各部分人员对战略的支持，以此保证企业战略的实施。

这种模式在许多企业中比指挥型模式更有效，但这种模式并没有解决指挥型模式如何获得准确信息的问题，各事业单位及个人利益对战略计划的影响问题以及战略实施的动力问题；而且还产生了新的问题，即企业通过建立新的组织机构及控制系统来支持战略实施的同时，也失去了战略的灵活性，在外界环境变化时使战略的变化更困难，从长远看，环境不确定性大的企业，应避免采用不利于战略灵活性的措施。

3. 合作型

这种模式的特点是企业经营者考虑的是如何让其他高层管理人员从战略实施一开始就承担有关的战略责任。为发挥集体智慧，企业总经理要和其他企业高层管理人员一起对企业战略问题进行充分讨论，形成较为一致的意见，制定出战略，再进一步落实和贯彻战略，使每个高层管理者都能在战略的制定及实施过程中各自做出的贡献。

协调高层管理人员的形式多种多样，如有的企业成立有各职能部门领导参加的“战略研究小组”，专门收集在企业战略问题上的不同观点，并进行研究分析，在统一认识的基础上制定出战略实施的具体措施等。**总经理的任务是要组织好一支合格的制定及实施战略管理人员队伍，并使他们能很好地合作。**

合作型模式克服了指挥型模式及变革型模式存在的两大局限性，使总经理接近一线管理人员，获得比较准确的信息。同时，战略的制定是建立在集体智慧基础上的，从而提高了战略实施成功的可能性。

这种模式的缺点是由于战略是不同观点、不同目的的参与者相互协商折中的产物，有可能会使战略的经济合理性有所降低，同时仍存在着谋略者与执行者的区别，仍未能充分调动全体员工的智慧及积极性。

4. 文化型

这种模式的特点是企业经营者考虑的是如何动员全体员工都参与战略实施活动，即企业总经理运用企业文化的手段，不断向企业全体成员灌输这一战略思想，建立共同的价值观和行为准则，使所有成员在共同的文化基础上参与战略的实施活动。由于这种模式打破了战略制定者与执行者的界限，力图使每一个员工都参与制定及实施企业战略，因此使企业各部分人员都在共同的战略目标下工作，使企业战略实施迅速、风险小、企业发展迅速。

5. 增长型

这种模式的特点是企业总经理考虑的是如何激励下层管理人员制定及实施战略的积极性及主动性，为企业效益的增长而奋斗。即总经理要认真对待下层管理人员提出的一切有利于企业发展的方案，只要方案基本可行，符合企业战略发展方向，在与管理人员探讨了解决方案中的具体问题和措施以后，应及时批准这些方案，以鼓励员工的首创精神。采用这种模式的话，企业战略不是自上而下地推行，而是自下而上地产生。

合作型、文化型及增长型三种模式出现较晚，但从这三种模式中可以看出，战略的实施充满了矛盾和问题，在实施过程中只有调动各种积极因素，才能使战略获得成功。上述五种战略实施模式在制定和实施战略上的

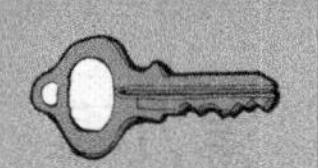

侧重点不同，指挥型及合作型更侧重于战略的制定，而把战略的实施作为事后行为，文化型及增长型则更多地考虑战略的实施问题。实际上，在企业中上述五种模式往往是交叉或混合使用的。

在实践中，美国的彼德斯（Peters）和沃特曼（Waterman）提出了7－S模型（见图9－1）。

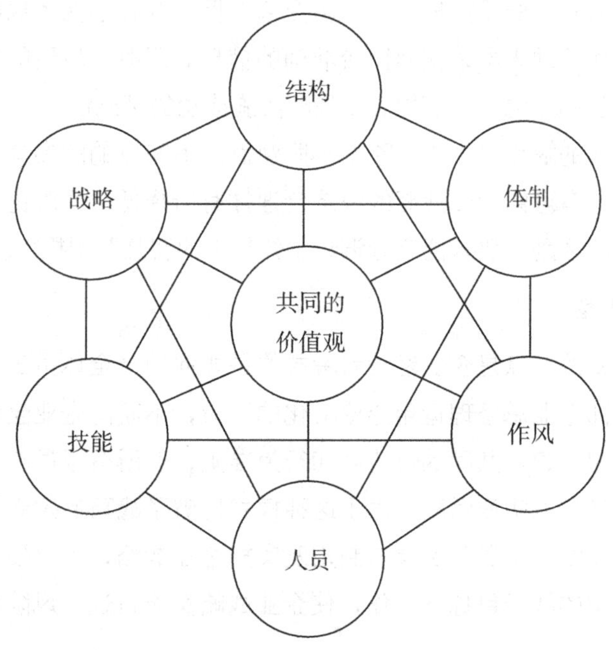

图9－1　企业战略实施的7－S模型图

这个模型强调在战略的实施过程中，要考虑企业整个系统的状况，也就是既要考虑到企业的战略、结构和体制三个硬因素，又要考虑到作风、人员、技能和共同价值观四个软因素，只有在这七个因素相互很好沟通和协调的情况下，企业战略实施才能获得成功。

二、企业战略计划系统

（一）企业战略计划系统概述

在企业管理中，计划是一种恰如其分地实现自身目标的过程。**而企业战略计划系统强调的则是企业组织各方面的整体性。**它是将战略方针、目标、环境因素、内在条件等要素融为一体的过程，并用其指导企业在一定时期内如何合理分配有限资源，达到成功实施企业战略的活动。

战略计划系统是一个足以能改变企业未来命运的重大计划，它是结合战略目标和战略重点的设定而确定的。对它的实施，必将能使企业面貌得到全面改观。

1. 企业战略计划系统的目标

从战略的深远意义来看，战略计划系统要考虑的主要问题便是企业如何达成既定目标。结合斯坦勒（G. A. Steiner）的研究，可以看出企业战略计划系统所要达成的目标有以下几个方面：

- 调整与选定企业未来的经营领域；
- 加快增长与提高企业的营利能力；
- 对企业成长的机会与威胁进行全面分析，协助企业战略管理人员根据企业的长处与弱项更好地挖掘潜力；
- 能有效地将资源集中于重大项目上；
- 进行机会与威胁分析，使企业更清晰地认识自己的优势与劣势；
- 有助于企业进行良好的内部协调活动；
- 建立与完善需要的、更切现实的、可达到的目标；
- 培养企业管理干部，使之提高适应环境的能力；
- 考核与评判企业目前的经营活动，根据环境所需，及时调整企业发展方向。

这些目的彼此交融，共同构筑于战略计划系统的整体。有些情况下，企业可能只达成某几个目标，但随着时间的推移，企业最终将完成所有既定的目标。

2. 企业战略计划系统的作用

第一，企业战略计划系统是指导战略实施展开的重要方面。彼德·德鲁克认为：企业高层管理者的首要任务就是制定和实施战略。他以为，要通过企业的使命来思索管理的根本任务，即要提出类似于这样的问题：我们的企业是什么样的企业？它应当成为什么样的企业？为此，企业要设立自己的目标，制定战略与计划，为未来做决策。显然，这实际上就是战略计划的过程。从西方发达国家的大企业来看，制定经营战略的框架便是规范的战略计划系统。当然，不是规范的系统也可能产生优秀战略。**但是，不管采用哪种方式，战略计划系统的制定过程都交织于管理活动之中，并对战略管理的进行起着重大指导作用。**

第二，企业战略计划系统也是推动全员管理的重要过程。它是企业各层次员工都有所参与的过程。即企业员工都应参与制定或实施企业战略计划系统，只不过是他们参与的程度与方式各异而已。企业每个员工在承担计划工作者角色的同时，也同样扮演了组织者、指挥者等角色。从这个意义上讲，企业战略计划系统起着维系和协调战略管理与日常经营作业管理活动的重要作用，也促使企业的员工能形成强大的凝聚力与归属感。

（二）企业战略计划系统的内容

战略计划系统要得出的实质性成果便是企业的长期竞争优势，例如：新的生产线的建立、研究与发展规划、产品的多样化，企业的并购、组织结构的整顿与改组、新市场的开发等。一个战略管理者要使企业长期有效地经营下去，则这些领域的创新无非是达到一个目的，即适应预期的未来环境，而不是呆板地适应眼前的局部环境。然而未来的环境具有不可控性，因此计划中的事项必须要有充足的弹性。因而从这个角度来看，企业战略计划系统必然是一个适应机制，它能使组织信心百倍地对付变幻莫测的环境。这种内在规定性也就决定了战略计划系统必须有以下几方面的内容：

1. 对企业总体战略的说明

说明什么是企业的总体经营战略，为什么作这些选择，实现此战略将会给企业带来什么样的重大发展机遇。这种说明还包括总体战略目标和实现总体战略的方针政策。被说明的战略目标是总体战略预期的未来“目的地”。对这些目的地可以定量加以描述，同样也可以定性地表述。这里需要指出的是，那种定量目标与具体的、有数量概念的分阶段目标有着本质的区别，它们应该得到概括性的和非限制性的阐明。

2. 企业分阶段目标

分阶段目标是企业向其总目标前进时欲达到的有时间限制的里程碑。一般需要对分目标加以尽可能具体与定量化的阐述，这里重点也是保障实现总目标的依据。**企业的分阶段目标常常与具体的行动计划和项目捆在一起，而这些行动计划与项目均为达成企业总目标的具体工具**。

3. 企业的行动计划和项目

行动计划是组织为实施其战略而进行的一系列重组资源活动的汇总。在战略计划阶段，这些行动计划常包括研究、开发及削减等方面的活动。例如，执行产品开发计划或产品改进计划，有利于新产品战略的实现。同样，一个开发特殊技术领域的战略，可能会涉及并购、人员开发等诸多行动计划。各种行动计划往往通过具体的项目（通过具体的活动来组织资源配给以实现企业总目标）来实施。

4. 企业的资源配置

制定计划的基本决策因素便是资源的配置。实施战略计划需要设备、资金、人力资源及其他重要资源。因此，对各种行动计划的资源配置的优先程度，应在战略计划系统中明确规定。战略计划系统应指明在实施战略中需要的各种资源。所有必要的资源，在尽可能的情况下应折算为货币价值，并以预算和财务计划的方式来表达。预算及财务计划对理解战略计划系统来说具有重要意义。这里需要指出的是，财务上的过度考虑势必会影响到战略计划系统的真正意义，以致损害企业战略计划的效能，同样会使企业的活动因单纯追求财务指标而偏离战略发展的轨道。为尽量减少这方面对战略的损害，企业可以将计划中的财务部分单独分离开来，以保证战略的“数字盲目症”不会出现，从而可以真正突出计划的战略成分。

5. 企业的组织保证及战略子系统的接口协调

为了实现企业的战略目标，必须有相应的组织结构来适应企业战略发展的需求。**由于企业战略需适应动态发展的环境，因此，组织结构必须要具备相当大的动态弹性。**另外，企业战略计划系统往往包括若干子系统，如何协调、控制这些子系统是一个重要的问题，计划系统对这些子系统间接口处的管理、控制应相当明确化。

6. 应变计划

以上叙述的各种计划内容都需企业做出决策。而这些决策基本上是由各种对环境的预测与假设而推出的，它们在某种程度上正确反映了客观现实，具有诸多可取之处，但同时包含了相当大的主观性，不利于计划系统的适应性。有效的战略计划系统要求一个企业必须具备较强的适应环境的能力。要获取这种能力，就要有相应的应变计划作为保障。要看到各种可能条件在一定时间内都可能突如其来地发生变化，与其唐突应战，还不如早备为上策。如果将应变计划作为整个战略计划系统的一个正式部分的话，则企业可以应付各种瞬息万变的环境，在错综复杂的竞争中独领风骚。

（三）企业战略计划系统的制定过程

企业要有成效地推进战略实施，就必须制订一套有效的战略计划系统。企业在决定战略计划系统时，必须设计相应流程审核企业中各部门之间，以及它们的活动和计划之间的相互关联、相互影响及相互依存性。

一般来讲，由于每个企业的历史发展、决策习惯、领导人的思维模式等方面的不同，导致其在制定企业战略计划系统时的方式方法也会不同。每个企业都会根据自我的实际情况去确定战略计划系统的科学制定程序。结合国内外不同公司、不同理论派别对这一问题的实践与研究，这里举出两种企业战略计划系统的制定过程。

1. 层层制定过程

即先由总公司的最高管理层制定总的战略与目标，然后层层分解、层层保证，最后将一个总目标分解为一个具体的易达到的子目标。这种形式类似于目标管理模式，但由于其涉及的是企业总体战略设计，因此与目标管理也不尽相同。

需要指出的是，一旦企业战略计划系统被最终确定之后，就必须有一整套具体的程序来指导职工的日常行动作为匹配，只有这样，才会使战略落到实处。

2. 战略职能区分型的制定过程

即根据企业战略计划系统的实质内容（也就是具体的职能）来按项制定企业战略的整个过程。这个过程包括两大部分：战略制定过程和具体规划制定过程。不论采取何种方式，都应考虑以下几个问题：

其一，要求广泛涉及企业环境的变化，必须考虑到一系列的连锁效应及衍生的社会后果。例如企业的长期投资项目，尽管其投资回报率相当高，但如果此项目对自然生态环境造成持续的不良影响，则它会对企业形象造成极大的损害，得不偿失。

其二，战略计划必须将其注意力超越可直接控制的界限，包括制约企业经营活动的诸多要素。为了不只是在表面上考虑这一点，要求企业自觉考虑与绝大多数日常工作无多大关系的环境影响。因此，战略计划系统的内容必将是错综复杂的。

其三，企业战略计划系统不仅包括总体计划工作，而且要包括千变万化的子计划工作，例如技术计划、产品计划、市场计划、财务计划等，总体计划必须与各个子计划有着一种内在的逻辑联系，也体现了战略计划的系统结构，这种系统结构是统一协调的有效手段。

其四，战略计划系统虽是一个长期计划，但它必须兼顾到短期的影响，这种短期与长期的辩证关系，对于企业管理人员来讲，必须从历史的角度和积极方面来考虑这个“时间跨越”，而不能因一时的局部因素在实践中偏废一方。

（四）企业战略计划系统的重点

所谓企业战略计划系统的重点是指那些对实现企业战略目标具有重大关键作用、对企业来说又有发展优势或自我发展薄弱需要重点加强的方面、环节或项目。战略系统的重点也是企业资金、劳动力和技术要素等资源投入的重头戏，这是整个战略系统得以实现的物质保证；战略系统的重点还是决策管理者实施战略指导的重点，这就成了战略系统得以实现的组织保证。因此，战略计划系统的重点有三个方面的内涵，即实现企业战略目标的重点、企业资源配置的重点和决策者进行战略指导的重点。

企业经营战略重点的设定为整个战略系统的制定提供了核心内容，也为企业实施战略明确了需要集中优势力量来解决的关键性问题。然而，企业战略系统的重点设定不是决策者主观臆断的产物，而是客观因素发展变化的产物。这些客观因素主要有以下几点：

1. 现代科学技术不断地发展变化

科学技术同任何其他事物一样，都有其自身的发展规律。历史已表明，不仅科学技术的发展是加速的，而且这种技术成果转化为直接生产力也是加速的。这显示技术成果从研制到现实应用的时间间隔越来越短了。这种情况反映到企业中来，表现为生产要素处于不断地发展变化中，这就要求企业抓住关键要素，以利于企业获得更大的发展。

2. 市场处于不断变化之中

社会主义的市场经济同样也是充满竞争的，由于竞争使市场变化捉摸不定，社会需求也是千变万化。所以，企业生存的外部环境就会与企业的内在条件产生各种矛盾，而抓住了主要矛盾也就抓住了企业运转的关键。企业战略系统的重点根据环境变化的不同、企业目标和自身条件的不同而不同，有时，随着这些因素的交织作用，也会使企业的战略重点在各个时期内不同。因此，不论对企业战略系统的重点的理解如何，企业都必须在动态环境下，适时地设定自我的战略重点，保证企业整体战略目标得以实现。

3. 不平衡的社会化大生产发展

社会化大生产的发展使专业化生产水平不断提高，分工协作的程度也不断增强。这样，有些环节就不可能自发协调，因此在经济运行中必然会出现需要解决的重点问题。只有抓住这些重点，才能使企业各个方面保持一种动态平衡和良好的运作状态。

企业战略系统的重点设定一般是以分析各种环境因素和自身条件为客观依据，然后从可控因素即企业组织结构、文化、资源供给和市场需求等四个主要方面去寻找具有战略意义的关键要素，从而确定在实施中应注意的重点。

（五）企业战略计划系统的战略势

战略势是由战略条件、战略时机和战略动力构成的三维“战略场”，由于它的导引与作用，促使企业在不同的条件下实施其战略转换或战略推移。企业组织处于“战略场”中的不同位置，就应采取不同的战略推移。而战略计划系统就详细分析，确定了战略条件、战略时机和战略动力三大要素，从而为确定企业的战略势打下坚实基础。

1. 战略时机

当企业制定出新战略后，何时运作实施，必须审时度势，择机而动。所谓重大行动的“天时地利人和”也包含了对时机的选择。这也是企业战略计划系统所必须慎重对待的事宜。例如，企业开发出的新产品是否投放市场，就存在一个对时机判断的问题，这时企业必须考虑新产品是否为消费者所接受，是否为新产品提供技术支持，是否会冲击企业现有的产品市场、竞争者做出如何反应等诸多问题。当时机成熟需要进行战略转换而没有及时转换，或转换不当、时机未成熟而急于战略转换时，均会对企业造成不良后果。**战略管理则要把握战略转换的时机。**

2. 战略条件

战略条件包括不利条件和有利条件两大类。不利条件又有企业劣势和弱点、问题、隐患、不足等，而有利条件则包括企业优势、实力和资源、潜力等方面。资源、实力、优势、劣势、隐患、竞争等相互作用又相互联系，构成战略条件的作用系统。这本身是一个动态系统，在企业行为和环境因素的调节和干预下，优势与劣势能不断相互转化。企业战略计划系统则要求能正确区分有利条件与不利条件，既能使企业发挥特长，又能避其所短。同时，计划系统还必须正确分析这些优劣势在相互转化过程中与竞争系统的关联。**这意味着，优势的形成与发展，机会与突破口的择定皆是动态的过程。**

3. 战略动力

战略动力分为外在动力及内在动力两方面。外在动力指环境迫使企业组织进行创新的驱动力，如上级指示、环境威胁、竞争压力等；而内在动力是指企业组织内部凝结的改变旧战略、谋求新发展的信心、愿望和行动。战略动力又表现在三个方面：领导层动力、组织成员动力和组织结构动力。企业战略计划系统同样需要识别各种动力，并将各种动力输导到有利于企业发展战略上来。

4. 计划系统对战略势的确定

当企业战略计划系统对战略时机、战略条件、战略动力三方面作了正确的分析、区分、定位后，则企业基本上确定了自我发展的战略势，从而为企业谋求长远利益奠定了基础。这三者相互作用，构成了一个“三维战略势场”。企业处于“场”中不同位置须采取不同的战略转换方案，这在战略计划系统中也应得到全面反映。

三、企业战略实施的资源配置

（一）企业战略与企业资源的关系

1. 资源对战略的保证作用

战略与资源相适应的最基本关系，是指企业在战略实施过程中，应当有必要的资源保证。而在现实中既没有资源保证的战略，又没有充分意识到其危险性的企业不在少数。究其原因，大致可归纳为三点：

●战略制定者在思考程序上存在缺陷，他们没有注意到确保资源的必要性，从而制定了“空洞”战略。

●必要的资源难以预测而导致偏差，由于预测不准，结果造成缺乏资源保证的战略。

●没有把握本企业资源尤其是看不见的资源而出现错误，造成尚未预料的损失。

2. 战略可以保证资源的有效利用

即使企业具有充足的资源，也不意味着企业可以为所欲为。过度滥用企业资源，既会使企业丧失既得利益，也会使企业丧失获得更多利益的机会。**因此，企业采用正确的战略之后，才能使资源得到有效的利用，发挥其最大效用**。更有甚者，战略可促使企业充分挖掘并发挥各种资源的潜力，特别是在人、财、物上体现出来的看不见的资源。

3. 战略可促使资源的有效储备

由于资源是变化的，因此在企业实施战略过程中，通过对现有资源的良好组合，可以在变化中创造出新资源，从而为企业储备了资源。所谓有效储备，是使必要的资源以低的成本、快的速度，在适宜时机来进行储备。战略可通过两种类型来实现这一目的：其一，战略推行的结果可附带产生新资源；其二，这种新资源可以成为其他战略必要的资源而被经常及时地使用。

（二）企业战略资源的内容

企业战略资源是指企业用于战略行动及其计划推行的人力、物力、财力等资财的总和。这其中也包括时间与信息，由于它们是无形的，因此很少被人所关注。**而时间和信息在某种条件下可能会成为影响企业战略实现的关键性战略资源**。企业的这些战略资源是战略转化为行动的前提条件和物质保证。具体来讲，战略资源包括如下几点：

1. 采购与供应实力

企业是否具备有利的供应地位，表现为与自己的供应厂家关系是否协调，是否有足够的渠道保证，能否以合理的价格来获取所需原料。

2. 生产能力与产品实力

企业的生产规模是否合理，生产设备、工艺是否跟上时代潮流，企业产品的质量、性能是否具有竞争力，产品结构是否合理。

3. 市场与促销实力

企业是否具备开发市场的强大实力，是否拥有一支精干的销售队伍，市场策略是否有效等。

4. 财务实力

企业的获利能力与经济效益是否处于同行前列，企业利润的来源、分布及趋势是否合理，各项财务指标及成本状况是否正常，融资能力是否强大等。

5. 人力资源实力

企业的领导者、管理人员、技术人员等素质是否一流，其知识水准、经验技能是否有利于企业发展，其意识是否先进，企业内的凝聚力如何等。

6. 技术开发实力

企业的产品开发和技术改造的力量是否具备，企业与科研单位、高校的合作是否广泛，企业的技术储备是否能在同业中处于领先地位。

7. 管理经营的实力

企业是否拥有一个运行有效、适应广泛的管理体系，企业对新鲜事物的灵敏度如何，反应是否及时、正确，企业内是否有良好的文化氛围，在企业内是否形成良好的分工与合作，能否进行有力的组织。

8. 时间、信息等无形资源的把握能力

企业是否能充分地获取、储备和应用各种信息，时间管理是否合理等。

（三）企业战略资源的评估

企业在复杂多变的环境中为求生存图发展、实现战略目标，必须对各种战略资源的供需状况做出全面分析和正确评估，这样才能运筹帷幄，决胜千里。这里介绍一种常见的战略资源的评估方法——EBV 法。

EBV 法是指价值评估法（evaluating by value）。它使用“重要度”（importance）和“价值”（value）两个指标。“重要度”表示各项资源对战略的影响，取值 1 ~ 5，值越大，影响越强，需求程度也会越高。“价值”是企业对资源的拥有状况，取值 0 ~ 5，值越大，说明企业在这一资源上的供应越充分。

设 V_i、I_i 分别为资源 i 的价值和重要度的得分，令：

$$C_i = V_i / I_i$$

$$D_i = I_i \times (V_i - I_i)$$

$$C = \sum_{i=1}^{N} X_i C_i (X_i = I_i / \Sigma I_i) (N \text{ 为资源的种类数})$$

各指标的意义分别是：C_i 指单项资源供求系数，反映各资源的供求状况。$C_i = 1$ 为供需平衡，$C_i < 1$ 为供小于求。D_i 指单项资源的短缺系数，$D_i < 0$ 供小于求。D_i 同样可反映短缺的紧迫程度，如当 $D_1 = -1$ 而 $D_2 = -5$ 时，企业对 D_2 资源的短缺更为紧迫。C 指企业资源的供求指标，它可综合反映企业战略资源的供求状况。

（四）企业战略资源的分配

企业战略资源的分配是指按战略资源配置的原则方案，对企业所属战略资源进行的具体分配。**企业在推进战略实施过程中所需的战略转换往往就是通过资源分配的变化来实现的。**由于企业战略资源中的，无形资源很难把握，而除人力资源以外的有形资源均可以用价值形态来衡量，因此，企业战略资源的分配一般可分为人力资源和资金的分配两种。

1. 人力资源的分配

人力资源的分配一般有以下三个内容：

一是为各个战略岗位配备管理和技术人才，特别是对关键岗位的关键人物的选择。

二是为战略实施建立人才及技能的储备，不断为战略实施输送优秀人才。

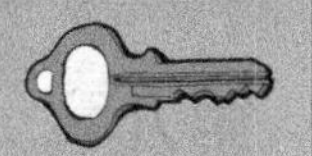

三是在战略实施过程中，注意整个队伍的综合力量搭配和权衡。

2. 资金的分配

企业中一般采用预算的方法来分配各资金资源。而预算是一种通过财务指标或数量指标来显示企业目标、战略的文件。通常采取以下几种现代预算方式：

第一，零基预算。它不是根据上年度的预算编制，而是将一切经营活动都从彻底的成本——效益分析开始，防止预算无效。

第二，规划预算。它是按规划项目而非按职能来分配资源。规划预算的期限较长，常与项目规划期同步，便于直接考察一项规划对资源的需求和成效。

第三，灵活预算。它允许费用随产出指标而变动，有助于克服“预算游戏”及增加预算的灵活性。

第四，产品生命周期预算。在产品的不同生命周期中有着对资金的不同需求，而且各阶段的资金需求有不同的费用项目。这时产品生命周期预算就要根据不同阶段的特征来编制各项资金支出计划与原则。

在资金分配中应遵循以下两项原则：一是根据各单位、各项目对整个战略的重要性来设置资金分配的优先权，实现资源的有偿高效利用；二是努力开发资金分配在各战略单位的潜在协同功能（potential synergies）。

（五）战略与资源的动态组合

企业在发展过程中，不同的阶段内，其战略将不断推陈出新，战略资源也在不断地积累。企业在制定战略时，所以应充分预测将来的环境、资源的变化，并对资源进行必要的、合理的配置。这个过程中应当注意，资源的配置不是单纯的资源配置，而应与战略联成一体，形成密不可分的关系。**因此，我们说战略资源的配置、动态组合实际上也就是指战略与资源的动态组合。**

随着战略的展开，资源被不断储备，新的储备与现有资源的储备交织在一起，形成了将来资源的储备。企业以这些新的储备为基石，再进一步展开将来的战略。因此，处于现在战略和将来战略中间的新的资源储备，也就成为联结这两个战略的媒介。当现在的战略为将来的战略展开有效地积累资源时，将来的战略也能够有效地利用这些积累的资源，这就形成了企业中战略与资源的动态组合过程。为了实现这个动态组合过程，企业首先必须考虑两个问题：一是现在战略应选择什么样的战略？二是将来战略应该怎样？然后才能在二者间调配适当的资源，而资源在这个过程中将起到动态相辅和动态相乘的两个效果。

1. 动态相辅效果

这又可划分为物的动态相辅效果和资金的动态相辅效果两大部分：

第一，物的动态相辅效果。这是指企业的现在战略和将来战略能在多大程度上共同利用物的资源，或者说现在战略运行中储备的战略资源能在多大程度上作用于将来战略。在这个意义上讲，有转化可能性的物的资源储备是较好的。企业在选择现有产品和市场战略等基本战略时，应预先设定使这种转化成为可能的某个相关将来战略，这时采取与将来联系较多的战略是十分必要的。例如，企业在建立专用生产线时，必须考虑这种专用线能否及时被用于其他生产领域。如果没有这种可能性，企业则在必要时做好更新这条专用线的人事、劳务、设备方面的准备。

第二，资金的动态相辅效果。这里所说的资金是指流动资金，因为流动资金对于企业的日常经营来说是至关重要的，其影响面会更大。企业必须在战略上制定出资金的投入与回收这两方面的相辅效果。

企业在现在战略与将来战略之间，首先应制定出资金的组合效应。企业在现有战略上，会同时经营诸多充满希望的领域，这从企业发展的眼光来看是无可厚非的，但数年后这些领域若同时需要大量的发展资金，企业应当如何处置？这需要企业能动态地考虑这个问题。企业这时应做好现有战略发展后的资金储备，以备不时之需。另外，一个领域中的流动资金，在时间序列上会表现出不同形式，如在某个时期需投资资金，另一时期又回到企业，这就要求企业要能在一领域内实现资金的动态权衡。决定上述资金流动变化形式的因素有四个：产品生命周期的阶段、企业的竞争战略、市场规模和成长速度、竞争中的优势。

实现资金流动的动态相辅效果，要求企业在现有的产品和市场机制上，必须同时具有不同类型资金流动的产品与市场领域，在此基础上实现

资金流动平衡。

2. 动态相乘效果

这是指企业将来战略能有效使用现在战略运行中产生的看不见的资源的效果。也就是说，企业现在在某个领域中使用和储备的看不见的资源可被将来的领域使用。企业在现有领域中产生与使用看不见的资源的期间，如果能和将来领域利用这种相同资源的期间重叠，则能形成强有力的动态合力。

看不见的资源在战略实施过程中被储备。企业在现实的市场角逐中，如果努力开展事业活动，则会为将来积累更多的看不见的资源。例如松下电器的海外投资是以干电池开始的，在此过程中，松下公司积累了销售渠道、工人技能、储备了当地市场的经验等无形资源，并以此为中介使现在战略与将来战略相互策应，形成动态相乘效果。如果用图来表示，则更能清楚地展示这一点，见图 9 –2。

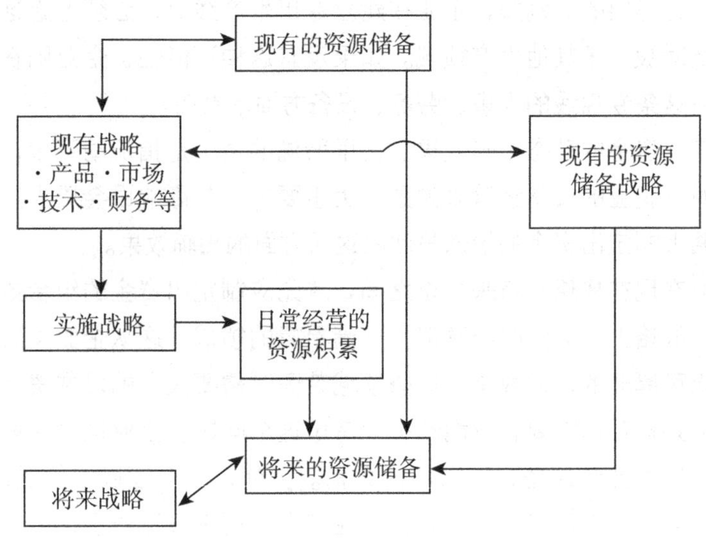

图 9 –2　动态相乘效果图

动态相乘效果是企业成长的本质。当人们描述保证企业长期成长的战略形象时，动态相乘效果常是其中心内容。这是因为：

第一，企业之所以能适应不断变化的环境，就在于能动态组合企业活动中无形资源；

第二，在动态相乘的某两个领域之间，容易产生资金的动态相辅效果。

那么，企业当如何构筑其动态相乘效果呢？这里给出三条思路以供参考。其一，企业在战略抉择上，应选择无形资源较易积累的领域的战略；其二，战略设计不能忽视动态的企业活动的阶段及程序；其三，为了实现动态相乘的良性循环，有必要在现在选择一些表面上不合理、在一定程度上缺乏资源保证的战略，这样有助于培育企业内在动力，反其道而行之，常可获得意料不到的成功。当然，具体采用哪种思路，还要据自己企业的实际情况而定。

企业战略评价与控制

成功与失败并不只是和运气有关系，如果不努力奋发，如果不能学会自我评价及自我控制，那么“运气”是不会来的，企业当然也就毫无发展壮大可言。

——〔中国台湾〕王永庆

一、企业战略评价与控制概述

企业战略的评价与控制活动，贯穿于企业战略实施的整个过程，具体可以分为五个阶段：确定评价内容，建立评价标准，衡量实际业绩，将实际业绩与标准进行比较，根据实际业绩与标准要求的差距情况决定是否需要采取适当的校正行动。通常情况下，人们将企业战略实施评价与控制过程的前三个阶段称为评价，后两个阶段称为控制。尽管为了分析的方便，对评价与控制做了上述划分，但从管理的基本职能来看，评价与控制作为一个整体，是互不可分过程的两个有机组成部分。显然，离开评价这一前提将无控制可谈；反过来，评价若只停留在获得业绩结果的资料上，而不利用得到的结果进行企业战略实施活动的控制，则也将失去其必要性。

评价为企业战略管理者提供了有关企业战略实施状况的信息，为进行战略控制提供了基点与依据；而控制则通过对评价结果与预设标准的比较，发现企业战略实施过程中存在的业绩差距，采取必要的校正措施以扭转业绩偏差，通过适当的奖惩手段将评价结果与职工报酬联系起来，从而强化企业战略实施的业绩导向精神。在清楚了解评价与控制的这种有机联系后，就可进一步具体讨论整个企业战略实施的评价与控制过程。

（一）确定评价内容

为了采取措施保证企业战略管理过程更有效地进行，必须先对该过程的当前状况做比较全面的了解。也就是说，先要对该过程的现状进行必要的评价，而评价的关键是要在明确评价目的的基础上，具体确定评价内容。从根本上来说，进行企业战略评价的目的主要包括两个方面，这就是：**为企**

业战略管理者了解整个企业战略管理过程的运作情况，与影响因素提供信息，为企业战略管理者对有关部门及员工进行业绩考核与奖惩提供依据。

就了解企业战略管理过程的运作情况而言，企业战略管理者最需要知道的是有关企业战略使命与目标实现情况的信息，以便及时进行企业战略实施过程的活动控制；就方便对企业有关部门与员工的考核与奖惩而言，企业战略管理者最需要知道的是如何准确衡量企业各部门与各员工对实现企业战略目标的贡献情况，实现企业报酬制度与战略业绩的真正有效结合。**由此可见，企业战略管理者不仅需要了解企业总体与各局部的运行情况，还需要了解有关影响企业战略实施的主要因素情况，这些都是需要在确定评价内容时认真考虑的。**

具体来说，为使企业战略管理者能对影响企业战略业绩的关键要素有一个比较全面客观的认识，以便尽早采取必要的措施来保证企业预期战略目标的实现，在确定评价内容时，就必须注意考虑企业使命与战略目标的要求，结合实际评价的必要性与可行性，具体选择需要进行监督检查的内容与指标，满足对企业战略管理过程进行适当控制的需要。为此，企业战略管理者最后确定的评价内容，必须既能比较客观、始终如一地衡量，又能真正反映对企业战略实施来说是最重要与最有意义的信息。

考虑到实际中往往有许多重要因素很难定量评价，有时甚至是根本不可能衡量的，企业战略管理者在实际操作中绝对不能因此而忽视这些重要因素对企业战略实施可能产生的潜在影响，要防止出现简单地以可量化衡量来代替甚至排除不可量化衡量的倾向。需要特别指出的是，必须将评价的重点放在那些对企业业绩最具决定影响的因素上，想方设法对其加以适当的衡量。因为对于这些决定因素而言，设法衡量可以促使人们考虑该因素的控制问题，而这总比对重要因素放任自流不加监控要好得多。更何况，在许多情况下，只要人们真正想方设法，也完全有可能使原先看似不可能的衡量变成可能。**根据这一思想，无疑应该将企业运行中费用支出比例最高与出现问题最多的领域作为企业评价与控制的重点。**

（二）建立业绩标准

建立业绩标准，可以用来作为考核企业运行是否正常的依据，这类标准通常就是企业运行目标及其层层分解的详细说明，只不过随着企业情况的不同而有不同侧重而已。就具体业绩标准来说，公司层次业绩的衡量需要考虑的方面通常有：投资报酬率（ROI）、企业销售净收入、高层管理人员生产率、关键业绩领域运行情况等；事业部或职能单位层次业绩的衡量，可以考虑采用类似于公司或责任中心的业绩评价方法，如标准成本、收入、支出、利润、投资报酬率等。对于特别的企业战略问题的评价还可以采用后面将要介绍的战略审计方法。

企业战略业绩衡量指标的具体确定，需要考虑被评价考核的对象所处的组织层次与目标要求。从现有的企业业绩衡量指标来看，有些指标能够反映企业结果发生了些什么事，如投资报酬率（ROI）等。所以，可以作为事后评价“反馈”控制之用；还有些指标则可以反映企业正在进行的活动情况，如广告促销费用、合理化建议、研究开发支出等，所以可以作为事先监控“前馈”控制之用。因此，在确定业绩标准时，企业战略管理者心中必须明确评价的真正目标是什么。

最后需要说明的是，在建立企业战略评价的业绩标准时，除了应该指明可接受的业绩水平外，还必须包括一个容差范围。一般情况下，只要企业战略实施的实际业绩落在容差范围内，就可认为企业战略实施过程运行正常，即使出现了稍许偏差也可被看作是偶然的随机因素造成的，可以不加调整。此外，从进行企业战略控制的需要看，建立的标准不应仅局限于过程的最终结果，而且还应该考虑过程进行中的阶段结果。

（三）衡量实际业绩

在这里，企业战略管理者所要做的主要事情就是根据所确定的评价内容与标准，定期、定点对企业运行业绩进行实际测量与记录，从而为进行企业战略过程控制提供基本的数据资料与信息依据。**从企业战略管理的角度来看，实际业绩衡量最困难的方面是关于企业整体运行效益情况的评价，通常需要采用一些综合的分析方法，如企业经营诊断就是其中的一种有效方法。**

企业经营诊断方法的基本思路就是，先对企业总体情况作比较全面的了解，确定需要在哪些方面、如何开展、以怎样的顺序进行深入研究等问题；再就选定的问题领域进行深入分析；最后，在深入分析的基础上提出有关改进建议并对所提建议加以验证。企业经营诊断具体包括以下几个步骤：

1. 初步评价

这就是对企业的整体运行作概况性了解，找出企业在战略管理过程中明显存在的问题，并对这些问题根据轻重缓急进行分类，根据经费的许可情况，决定是否需要就其中的某些问题进行深入研究。

2. 深入调查

根据初步评价确定出来的需要进行深入分析的问题，从企业的机构设置、资金运用、人才调配、产品制造、市场营销等方面出发，利用各种有效的调查方法对这些问题进行客观全面的调查，以便深入了解与问题有关的各种信息。

3. 分析诊断

根据所掌握的详细信息，利用各种定量与非定量管理方法，对企业战略管理中存在的问题进行系统分析，找出问题产生的根本原因，提出解决这些问题的对策建议。

4. 建议实施

这就是根据上面分析提出的改进建议，采取校正措施解决存在的问题，并对解决问题中可能出现的困难加以追踪、评价，防止在解决一个老问题的同时，又带来一个更棘手的新问题，从而保证企业战略管理过程的顺利进行。

（四）比较实际业绩与标准要求

将实际业绩与标准要求进行比较，是为了确定企业战略管理过程是否存在业绩偏差，以便找出产生偏差的原因，从而制定对策消除偏差。所以，在这里可以使用企业战略过程扫描的方法。通过比较，最终得到的结果不外乎这样两种情况，即实际业绩落在标准要求容许的偏差范围之内或要求容许的偏差范围之外，对于这两种不同的情况，必须考虑有针对性地

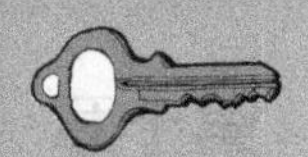

采取对策。

对于实际业绩处于标准设定容差范围之内的情况，通常不必采取什么校正行动，只要继续按照原先做法执行企业战略计划即可，控制过程也就到此为止。而对于实际业绩落在容差范围以外的情况，此时由于实际业绩与目标业绩水平相比出现了偏差，因此需要进一步判定这种偏差是否是仅仅由于随机波动因素作用的结果，在战略实施过程中是否有不正确的做法，过程本身对于实现所希望的标准是否合适？最后在逐一回答以上问题的基础上，做出是否需要采取必要校正行动的决定。

将实际业绩与标准要求进行比较，确定是否存在业绩偏差，会遇到许多困难。尽管对于可以定量表示的业绩指标来说，只要建立了标准，要确定其中某个指标是否存在业绩偏差，通常比较容易。但是，要想就这些单个指标全体所反映的综合情况做出是否存在业绩偏差的判断，似乎就比较困难。因为众多指标有的存在偏差，有的没有偏差，有的实际业绩优于标准要求，有的实际业绩劣于标准要求。要最后进行加权综合评判，肯定会涉及各指标影响权重的确定问题，这显然很难回避主观因素的影响。

最后还需要说明的是，在实际中存在许多很难定量表示的企业业绩指标，如企业商誉、公众形象等，就这些指标而言，通常采取的是定性描述与主观判断相结合的评价方法，这就使最终导出的结论明显不具有客观性，从而也就使得就这些指标是否存在业绩偏差做出客观评价非常困难。**所以，在使用涉及带有大量个人主观价值判断的评价结论时，企业战略管理者必须非常谨慎，以免由于评价的主观性而影响企业战略控制过程的有效性。**

（五）采取校正行动确保战略目标实现

企业进行战略评价的根本目的在于利用评价结果对企业人和事等方面的活动实施控制，所以，一旦实际业绩结果落在希望的偏差范围之外，企业战略管理者就有必要认真考虑以下几个问题，并最终做出是否采取必要的控制行动、校正出现的偏差的决定。

其一，所出现的业绩偏差是否仅仅是某些随机偶然扰动因素作用的结果？如果对此问题的回答是肯定的，则考虑到从本质上说，对于随机扰动因素在给定企业技术水平下是不可控的。所以，与其贸然采取校正行动，还不如暂时不作反应，静观其变。

其二，出现的业绩偏差是否仅仅是企业战略实施过程中的某些不正确做法或操作失误所致？如果对此问题的回答是肯定的，则只要找到原因所在，在负责企业战略实施过程经理人员参与下，采取适当的校正措施，改进现有企业战略实施过程中存在的不正确做法与失误操作，就能防止类似业绩偏差的再次发生。

其三，企业战略实施过程本身的设计对于达成企业战略目标是否真正合适？如果不合适，则只有在企业主要领导介入的情况下采取校正行动，开发出新的实施方案或标准操作程序，才有可能从根本上校正偏差并防止偏差的再次出现。

其四，企业战略评价与控制过程是否适当？例如：企业战略管理者确定的业绩评价标准是否合适？评价与控制是否及时有效？方法是否恰当？显然，评价标准定得太高或太低或没有针对性等，都很难真正反映企业战略实施的业绩情况，从而带来业绩偏差。在这些情况下，企业战略管理者需要就业绩标准的合理性与适用性进行反思，设计出更合理的业绩评价标准。

其五，企业内外部环境是否发生了重大变化？企业内外部环境总是处于不断变化之中的，企业战略管理只有不断适应这一变化，才能永远立于不败之地。所以，对于此问题的肯定回答，将要求企业战略管理者重新开始整个企业战略的形成与实施过程，此时的校正行动涉及了整个企业战略管理过程的再设计。

二、企业战略控制的方法

（一）企业战略控制的基本要求

企业战略千姿百态、纷繁复杂，但其控制过程一般总具有如下一些基本要求：

1. 适宜性

判断企业战略是否适宜，首先要求这个战略具有实现公司既定的财务和其他目标的良好的前景。**因此，适宜的战略应处于公司希望经营的领域，必须具有与公司道德哲学相协调的文化**。如果可能的话，必须建立在公司优势的基础上，或者以某种人们可能确认的方式弥补公司现有的缺陷。

2. 可行性

可行性是指公司一旦选定了战略，就必须认真考虑企业能否成功实施。公司是否具有足够的财力、人力，或者其他资源、技能、技术、诀窍和组织优势，换言之，是否具有有效实现战略的核心能力。如果在可行性上存在疑问，就需要将战略研究的范围扩大，并将能够提供企业缺乏的资源或能力的其他公司、金融机构合作等方式包括在内，通过联合发展达到可行目的。特别是管理层必须确定实施战略要采取的初始的实际步骤。许多情况下，在开始实施战略时，很多公司并不知道应该采取什么行动，这就说明了之前选择的方案是不可行性的。

3. 可接受性

可接受性所强调的问题是与公司有利害关系的人员是否对推荐的战略非常满意，并且给予支持。一般来说，公司越大，对公司有利害关系的人员就越多。要保证所有的利害关系者集团都积极支持是不太可能的，但是，所推荐的战略必须经过最主要的利害关系者的同意，而在战略被采纳之前，必须充分考虑其他利害关系者的反对意见。

4. 整体利益和局部利益、长期利益和短期利益的不一致性

企业整体是由局部构成的。从理论上讲，整体利益和局部利益是一致的，但在具体问题上，整体利益和局部利益可能存在不一致的地方。企业战略控制就是要对这些不一致性的冲突问题进行调节，如果把战略控制仅仅看成一种单纯的技术、管理业务工作，就不可能取得预期的控制效果。

5. 多样性和不确定性

美国管理学家罗伯特·沃特曼认为，战略具有不确定性。他在《创新

经营：优秀公司如何赢得并保持竞争优势》一书中指出，追踪一家公司的真实战略路线，有一点像观察一只蝴蝶飞过夏日的草地，它可能是朝着某一点飞，但它的路线看上去却像是完全没有规律、没有效率且不合理的。在他看来，战略是一个方向，其路途曲折多变，具有多样性。同时虽然经营战略应是明确的、稳定的且是具有权威的，但在实施中由于环境变化，战略必须适时地加以调整和修正，因而也必须因时因地地提出具体控制措施，这即是说战略控制具有多样性和不确定性。

6. 弹性和伸缩性

战略控制中如果过度控制、频繁干预，容易引起消极反应。例如，如果上级对下级采取高压政策，对下级来说犹如“针刺”，下级就会形成一种反管理集体，对上级实行“针刺”反击。因而针对各种矛盾和问题，战略控制有时需要认真处理、严格控制，有时则需要适度的、弹性的控制。只要能保持与战略目标的一致性，就可以使战略有较大的回旋余地和伸缩性。**所以战略控制中只要能保持战略的正确方向，就应尽可能少地干预实施过程中发生的问题，尽可能多地授权下属在自己的范围内解决。**对小范围、低层次的问题避免在大范围、高层次上解决，反而能取得有效的控制。

（二）企业战略控制的网络

战略控制过程一般由以下三方面的活动组成，这三方面结合在一起形成一个战略控制网络：

- 确定定性的和定量的目标，并与产业内优秀企业相比较，根据目标制订评价标准；
- 执行过程中经过信息反馈回来的实际效果；
- 经过比较后反映出来的偏差，以及针对偏差采取的纠偏行为。

在这一战略控制网络中，战略评价标准是进行战略控制的首要条件。评价标准采用定量和定性相结合的方式。**无论是定量还是定性指标，都必须与企业的发展过程作纵向比较，还必须与产业内竞争对手、产业内业绩优异者、其他产业的参照企业进行横向比较。**

实际工作成果是战略在执行过程中实际达到目标水平的综合反映。通过信息系统把各种战略目标执行的信号汇集起来，这些信号必须与战略目标相对应。要想获取实际的准确成果，就必须建立管理信息系统，并采用科学的控制方法和控制系统。而有效的控制方法和控制系统必须满足以下几个基本要求：第一，控制系统和方法必须是节约的；第二，控制系统和方法必须是有意义的；第三，控制系统和方法必须适时地提供信息；第四，控制系统和方法必须能测量出活动或职能的真实的特性；第五，控制系统和方法应提供关于发展趋势的定性的信息；第六，控制系统必须有利于采取行动；第七，控制系统及报告应力求简单化。

评价工作成绩是将实际成果与预定的目标或标准进行比较。经过比较就会出现三种情况：第一种情况是超过目标和标准，即出现正偏差，在没有作特定要求的情况下，出现正偏差是一种好的结果；第二种情况是正好相等，没有偏差，这也是好的结果；第三种情况是实际成果低于目标，出现负偏差，这是不好的结果，应及时采取措施纠偏。而前两种则无须采取专门措施。

（三）企业战略控制的类型

企业战略控制的类型可分为以下四大类：

1. 避免型控制

即采用适当的手段，使不适当的行为没有产生的机会，从而达到不需要进行控制的目的。如通过自动化使工作的稳定性得以保持，按照企业的预期目标正确地工作；通过与外部组织共担风险减少控制；通过转移或放弃某项战略活动来消除有关的控制活动。

2. 开关型控制

开关型战略控制又称为事中控制或行与不行的控制。其原理是在战略实施控制过程中，按照既定的标准检查战略行动，确定行与不行，类似于开关的通与止。

开关型控制方法的具体操作有以下几种形式：

第一，直接领导。管理者对战略活动进行直接指挥和指导，发现差错及时纠正，使其行为符合既定标准。

第二，自我调节。执行者通过非正式的、平等的沟通，按照既定标准自行调节自己的行为，以便和协作者配合默契。

第三，共同愿景。共同愿景是指组织成员对目标、战略宗旨认识一致，在战略行动中表现出一定的方向性、使命感。

开关型控制方法一般适用于实施过程标准化的战略实施控制，或某些过程标准化的战略项目的实施控制。

3. 事后控制

事后控制又称为后馈控制。其原理是在战略推进和转移过程中对行动的结果与期望的标准进行衡量，然后根据偏差大小及其发生的原因，对行动过程采取校正措施，使最终结果能符合既定的标准。事后控制方法在战略控制推进中控制监测的是结果，纠正的是资源分配和人的战略行动；根据行动的结果，总结经验教训来指导未来的行动，将战略推进保持在正确的轨道上。但是，事后控制往往由于纠偏不及时，而给战略带来一定的损失。其运用大都局限在企业经营环境比较稳定的条件下的战略实施控制。

事后控制方法的具体操作主要有联系行为和目标导向这两种形式。

第一，联系行为。即对员工的战略行动的评价与控制直接同他们的工作行为联系挂钩。他们比较容易接受，并能明确战略行动的努力方向，使个人行为导向和企业经营战略导向接轨。同时，通过行动评价的反馈信息修正战略实施行动，使之更加符合战略的要求；通过行动评价，实行合理的分配，从而强化员工的战略意识。

第二，目标导向。即让员工参与战略行动目标的制定和工作业绩的评价，既可看到个人行为对实现企业战略目标的作用和意义，又可从工作业绩的评价中看到成绩与不足，从中得到肯定和鼓励，为战略推进增添动力。

4. 事前控制

事前控制又称为前馈控制、跟踪控制。其原理是：在战略实施中，对战略行动的结果趋势进行预测，并将预测值与既定的标准进行比较和评价，发现可能出现的偏差，从而提前采取纠偏措施，使战略推进始终不偏

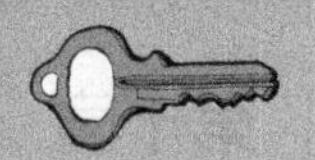

离正确的轨道，保证企业战略目标的实现。

事前控制是在战略行动成果尚未实现之前，通过预测发现战略行动的结果可能会偏离既定标准。因此，管理者必须对预测因素进行分析与研究。一般有以下三种类型的预测因素：

第一，投入因素。即战略实施投入因素的种类、数量和质量，将影响产出的结果。

第二，早期成果因素。即依据早期的成果，可预见未来的结果。

第三，外部环境和内部条件的变化，对战略实施的制约因素。**事前控制对战略实施中的趋势进行预测，对其后续行动起调节作用，能防患于未然，因而是一种卓有成效的战略控制方法。**

（四）企业战略失效及对策

战略在实施过程中，有时与人们的期望并不一致，当出现非理想状态时，在战略学上称为“失效”，也就是前面讨论过的战略实施的实际成果与预定标准不一致的情况。战略失效按时间来划分有早期失效、偶然失效和晚期失效三种类型，如图 10－1 所示。

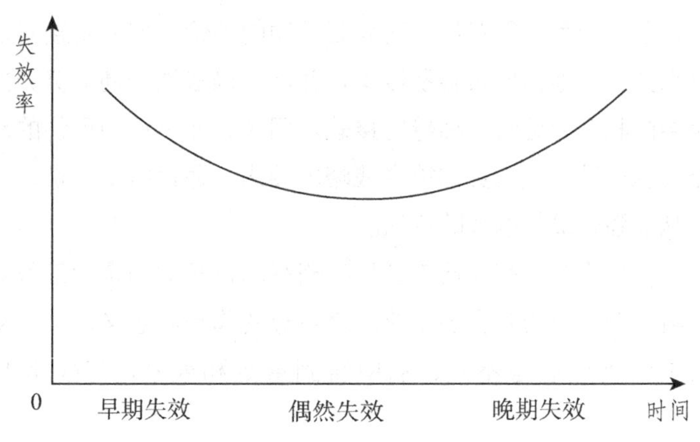

图 10－1　战略失效“浴盆曲线”

当一项战略开始实施时，就可能遇到早期失效。实践表明，大量战略在实施早期失效率较高，是因为新战略还没有被员工理解和接受，或者实施者对新的环境、工作还不适应等。战略决策者对这种早期失效不可惊慌失措，更不可对新战略失去信心，暂时的挫折并不意味着战略的不合理。战略控制时必须考虑到“滞延效应”。

早期失效后，就可能使工作步入正轨，而使战略进入平稳发展阶段，类于一叶舟从高峡激流进入了水势平缓的平湖，在图 10－1 中，以“浴盆曲线”的盆底部分表示。当然，即使在水波不兴的平湖上，也会出现一些意想不到的事，即所谓战略实施中的“偶然失效”。当处于偶然失效状态时，战略决策者不可掉以轻心，而应及时、慎重处理，维持战略的平稳推进，当战略推进一段时间以后，它们的失效率可能又会提高。

随着时间的推移，外部环境的变化因素制约着战略的实施，所以进入了“晚期失效”阶段。此时，战略决策者应适应外部环境的变化，调整转移战略，积极创造条件推进战略。

战略失效的“浴盆曲线”，揭示了战略在不同时间失效率高低的规律，分析了不同阶段战略失效的本质区别，为制定正确的战略实施控制策略提供了理论依据和战略推进方法。同时，还可以防止战略在早期失效阶段来回波动，又避免了晚期失效阶段慌忙修改或固执原状的错误，它使战略实施控制过程既有阶段性，又有相互联系、协调发展的连贯性。

三、企业战略控制的动态分析

（一）企业战略的相对性

有效的战略通常应该包含三个要素：一要达到的最重要的目标（或目的），二是具有指导或限制行动的最重要的政策，三是在规定范围内完成既定目标的重要行动顺序（或计划）。因此战略确定的是企业的总方向和行动焦点。这一过程通常包括如下要点：

- 分析自己的内部情况：优势、弱点、能力、存在的问题；
- 规划现有的产品系列、今后的利润、销售量、资金需求等；
- 分析选择的外部环境和竞争对手的行动，以便确定良机和威胁；
- 确定的战略目标为下属部门制定子战略时的指标；

- 摸清可望产生的结果与希望产生的结果之间的差距；
- 向下级传达有关战略的假设、目标和政策；
- 要求下级提出子战略，其中应包含具备更明确指标的目标、资源需求和辅助行动方案；
- 要求对备选方案、应急计划和较长期的机会做专门研究；
- 审查和批准各部门的子战略，并将其综合起来应对公司需要；
- 制定大概与战略有关的长期预算；
- 安排战略的执行；
- 对照战略进行预算检查和评审行动效果。

这一过程显示了在任何一级管理部门中，这些步骤都是相互联系的，并且每一阶段都是一个持续反复过程的组成部分。

但如果以为严格地遵循这些步骤就能制定出周密细致的企业战略来就大错特错了。**企业战略不仅要处理不确定因素，还要处理不可预知和对付不可知因素**。在制定大的企业战略时，没有哪一位分析家能精确地预计出所有有关的因素将如何相互作用，又将如何受环境或人们感情的影响，或怎样受聪明对手的想象力和有意识的对抗活动的影响。因此，任何战略都只有相对的适应性，这就注定任何战略控制措施也具有相对的适应性。灾难性事件以外的任何情况下都能生存和发展。

一般来讲，成功的战略家们经常不断地对未来做出重新估计，随着事态的发展去寻求新的协调，并随着各种因素相互交叉而令人想到一种更好——但永远不可能是尽善尽美——的组合时，将企业的技能与资源结合在一起，形成一种支配资源和避免风险之间的新的平衡。这个过程是不断运动的，它没有真正的开始，也没有真正的结束。

（二）影响企业战略控制的因素和趋势

制定和实施战略过程中，必须同时考虑现有的定量分析因素，信息上的缺陷因素、不确定因素、不可知因素，以及人类心理因素等。在这些因素中有一些是某些企业内部的特点，正是这些特点才使同一行业里的各个公司有所差异。另一些因素则由于受到行业性质和环境的制约，使一个行业中的企业在战略上较为相似。

无论何种行业，尽管各种因素的影响力度不同，但影响战略控制的因素可分为三类：需求和市场、资源和能力、组织和文化。这三类因素在现代企业中呈现如下趋势：

1．更加重视质量、价值和顾客满意

不同的需求驱动因素（如便利、地位、风格、属性、服务等）在不同的时间和地点扮演不同的角色。**现代的顾客在做出购买决策时更加重视质量和价值。**一些卓有成效的公司致力于提高质量，同时降低成本。他们的指导思想是持续不断地用更少的成本产出更多的东西。

2．更加重视关系建设和竞争导向

现代企业关注于培养顾客忠诚度，其战略关注点也从交易过程转向关系建设，以及和企业的关联者保持和谐融洽的关系。

3．更加重视业务流程管理和整合业务功能

现代企业从管理一系列各自为政的部门转向一系列基本的业务流程，企业组成跨部门的工作团队管理这些基本流程。

4．更加重视全球导向和区域规划

现代企业的边界日益扩张，无国界经营成为发展潮流。**当企业进入国外市场时，必须转变传统风气去适应当地的影响力量。**企业必须从全球化角度进行战略思考，但计划和实施却是区域化、当地化的。

5．更加重视战略联盟和网络组织

一旦企业全球化，他们就意识到无论规模多么大，其都已经失去了保证成功的某些资源和能力。考虑到完整的价值链，他们认识到了和其他组织进行合作的必要性和重要性。高层管理人员把越来越多的时间用于战略联盟和网络组织设计上，以此形成竞争形势。

6．更加重视权势架构及其影响

任何组织都存在利用权势实现个人或集团利益的现象，在许多时候，企业的战略决策是由权势决定的。现代企业面临的复杂环境决定了人们在目标、价值观、利害关系、职责和认识上的分歧，同时彼此对对方有控制权，在某种程度上依赖对方。显然，这些因素及其发展趋势会对战略控制过程产生深远的影响。

（三）企业战略控制过程是一个动态过程

企业战略的相对性使得战略控制是一个动态的过程，具体表现在以下几个方面：

1. 企业战略控制过程的渐进性

通用汽车公司经理在谈到缩小车身决策时说："当我还比较年轻的时候，我总是想象有那么一个房间，人们在那里制定适用于全公司的战略。可是后来我怎么也找不到这样的房间。……公司的战略甚至可能并不存在于某一个人的头脑中。我确实不知道它是在哪里写下来的。它仅仅是通过一系列决策传达下来的。"

一般来讲，总体战略是逐步演变而成的，并在很大程度上是凭直觉得到的。虽然人们可以经常在平时的点滴想法中发现一些十分精练的正规战略分析内容，但真正的战略却是在公司内部的一系列决策和一系列外部事件中逐步发展起来的，是最高管理班子中的主要成员们有了对行动的新的共同的看法之后才逐渐形成的。在管理得当的企业中，管理人员积极有效地把这一系列行动和事件逐渐概括成思想中的战略目标。

管理部门基本上无法控制的一些外部或内部事件，常常会影响公司未来战略姿态的决策。从1973—1974年的石油危机迫使通用汽车公司做出的决策中，从突然发生的国有化措施迫使埃克森公司改变其姿态的做法中，从静电复印术和浮法玻璃技术的意外发明使施乐公司和皮尔金顿兄弟有限公司得到惊人的发展机会中，都可以清楚地看到这种现象。从这个意义上来说，突发事件是完全不可知的。再说，一旦这些事件发生了，公司也就不可能拥有足够的时间、资源或信息来对所有可能的选择方案及其后果进行充分的战略分析。

认识到这一点之后，高级经理们常有意识地用渐进的方法来进行战略控制。他们使早期的决策处于大体上形成和带有试验性的状态，并可以在以后随时复审。在有些情况下，公司和外界都无法完全理解变通办法的全部意义。大家都希望对设想进行检验，并希望有机会获悉和适应其他人的反应。

通用汽车公司的最高管理当局在逐步明白石油危机与环境保护需求将影响其现有的各分部或经销网络结构的生存能力之后，才渐渐重新安排它的各种汽车系列。这些变化加在一起，使通用汽车公司的汽车系列在平衡与布局上发生了重大变动。公司管理当局十分关心其战略对各部门的权力和发展程度可能产生的影响。然而，当他们对某一具体战略因素做出决策时，实际上不可能确定一个具体时间。

为了改善战略控制过程，通常最好是谨慎地、有意识地以渐进法加以处理，以便尽可能推迟做出决策，使其与新出现的和必要的信息相吻合。其实践也证明了这一点。

2. 企业战略控制过程的交互性

现代企业面临的环境控制因素的多样性和相互依赖，决定了企业必须与外界信息来源进行高度适应性的互相交流，并需要去利用获得信息的有力刺激因素，许多士气高昂的公司，如英特尔公司正是借助这种交互性，从而在设计上压倒了大型电子公司如美国无线电公司，甚至压倒庞大的、有计划的官僚机构，如美国原子能委员会。

20 世纪 60 年代，通用汽车公司觉得关于成本与效益互偿的技术性讨论对那些“杀人的烟雾”或“通用汽车公司是世界上最大的污染者”这样的煽动性口号没有多大的制止作用。于是它公开反对早期人们要实施污染控制标准的企图，宣称他们“超出了技术现状”。可是它耗费巨资，冒着风险成功地研制出了催化变换器后，人们更把公司先前的担心，说成了公司在技术潜力方面进行“欺骗”或“撒谎”。正如一位经理人员所说的那样：“你干也不是，不干也不是。”

只有通过与管理人员、内部员工及公众利益团体进行长期的相互配合之后，通用汽车公司才真正地了解到它对手的要求和压力潜势。于是，它学会了在一个又一个地区，与各主要利益集团进行更好地交流。只有这样才能找到对付各方面的各种有效方式。

对企业战略来说，最起码的先决条件是要有一些明确的目标，以便确定主要的行动范围，在这一问题上做到统一指挥，留有足够的时限使战略有效，要使公众形成对自己有利的观点和政治行动需要很长时间，而这需要积极地、源源不断地投入智力和资源。

战略控制要求保持高质量的工作效果、态度、服务和形象等有助于提高战略可靠性的因素。由于许多复杂因素的影响，必须进行适当的检验、反馈和动态发展，注重信息收集、分析、检验，唤起人们的意识，扩大集团意见，形成与其他权力和行为有关的行动。

3. 企业战略控制过程的系统性

有效的战略一般是从一系列制定战略的子系统中产生的。子系统指的是主要为实现某一重要的战略目标而相互作用的一组活动或决策。每一个子系统均有自己的、与其他子系统不相关的时间和信息要求，但它又在某些重要方面依赖于其他子系统。通常情况下，每一子系统牵涉到的人员班子各不相同，但这些不同的班子一般并不组成分立的单位以单独实现战略目标。相反，许多高级经理们经常是这类班子的兼职成员。他们每人都要制定出一个子系统的战略，并在制定的过程中，请不同的辅助小组参加。

子系统各自有组织地针对全公司性的某个具体问题（如产品系列的布局、技术革新、产品的多种经营、收购企业、出售产业、与政府及外界的联络、重大改组或国际化经营等），其逻辑形式十分完善，作为规范的方法，是企业总战略的关键组成部分。不过每个战略子系统在时间要求和内部进度参数上，却很少能配合同时进行的其他战略子系统的需要，而且各子系统都有它自己的认知性限度和过程的限度，因此必须采取有目的的、有效率的、有效果的管理技巧把各子系统整合起来。

有意识地运用系统性的动态控制常常有助于实现以下三个重要方面：

- 适应相互影响的每个主要决策要求的各种各样的准备期和顺序安排。
- 克服改革必然会遇到的重要政治与信息障碍。
- 个人与整个企业相互熟悉、理解、个人接受并支持改革，培育出共同愿景。

由于主要子系统的进度千差万别，因此不管在什么时候，它们在明确问题、唤起注意、初步概念化、进行试验、产生集体意见、具体细节、确定措施和控制等方面各处于不同的阶段。因此，除了概括的原则之外，不可能一下子提出同时能顾及所有领域的企业整体战略。**整体战略在细节上永远不可能实现真正的完整**。即使所有的子系统偶尔在同一时刻安排妥当，按照逻辑，战略几乎会立刻随着新数据、新情况对它的影响开始发生变化。实际上，认为应当先制定出详细的总体战略，然后再执行的想法甚至是很危险的。许多例子表明，这种方法会产生一些相反的效果。

因此，能干的经理非但不去寻找整体战略的最终特性，反而会接受十分模糊的战略。他们做出必要的规定，并进行平衡使其主要的子系统行动不失去控制，并避免企业工作自相矛盾。他们设法把总体战略规定得足够详细，鼓励人们朝正确的方向前进，避免混乱；但他们又总是有意识地避免规定得过于具体，因为这样会破坏利用新信息、新机会需要的灵活性或相应支持。只有子系统和整体战略都保持一定的笼统性，才能适应和应付未来无数的可能变化。